中华人民共和国行业推荐性标准

公路隧道加固技术规范

Technical Specifications for Strengthening of Highway Tunnel

JTG/T 5440—2018

主编单位：中交第一公路勘察设计研究院有限公司
批准部门：中华人民共和国交通运输部
实施日期：2019 年 05 月 01 日

人民交通出版社股份有限公司

图书在版编目(CIP)数据

公路隧道加固技术规范 ：JTG/T 5440—2018 / 中交第一公路勘察设计研究院有限公司主编. — 北京 ：人民交通出版社股份有限公司, 2019. 4

ISBN 978-7-114-15402-7

Ⅰ. ①公… Ⅱ. ①中… Ⅲ. ①公路隧道—加固—技术规范—中国 Ⅳ. ①U459. 2-65

中国版本图书馆 CIP 数据核字（2019）第 049580 号

标准类型： 中华人民共和国行业推荐性标准
标准名称： 公路隧道加固技术规范
标准编号： JTG/T 5440—2018
主编单位： 中交第一公路勘察设计研究院有限公司
责任编辑： 李 沛
责任校对： 刘 芹
责任印制： 张 凯
出版发行： 人民交通出版社股份有限公司
地　　址： （100011）北京市朝阳区安定门外外馆斜街 3 号
网　　址： http://www. ccpress. com. cn
销售电话： （010）59757973
总 经 销： 人民交通出版社股份有限公司发行部
经　　销： 各地新华书店
印　　刷： 北京市密东印刷有限公司
开　　本： 880 × 1230　1/16
印　　张： 11. 75
字　　数： 300 千
版　　次： 2019 年 3 月　第 1 版
印　　次： 2024 年 9 月　第 2 次印刷
书　　号： ISBN 978-7-114-15402-7
定　　价： 70. 00 元
（有印刷、装订质量问题的图书，由本公司负责调换）

中华人民共和国交通运输部

公　　告

第89号

交通运输部关于发布《公路隧道加固技术规范》的公告

现发布《公路隧道加固技术规范》(JTG/T 5440—2018)，作为公路行业推荐性标准，自2019年5月1日起施行。

《公路隧道加固技术规范》(JTG/T 5440—2018)的管理权和解释权归交通运输部，日常解释和管理工作由主编单位中交第一公路勘察设计研究院有限公司负责。

请各有关单位注意在实践中总结经验，及时将发现的问题和修改建议函告中交第一公路勘察设计研究院有限公司(地址：陕西省西安市科技二路63号，邮政编码：710075)。

特此公告。

中华人民共和国交通运输部

2018年12月25日

交通运输部办公厅　　2018年12月28日印发

前　言

根据交通运输部《关于下达2009年度公路工程标准制修订项目计划的通知》（厅公路字〔2009〕190号）要求，由中交第一公路勘察设计研究院有限公司作为主编单位承担《公路隧道加固技术规范》的制定工作。

我国已建成的公路隧道中，由于各种因素的影响，部分隧道在使用过程中出现了衬砌渗漏水、开裂等多种病害，不同程度地影响了隧道的行车安全及使用年限，需进行加固维修甚至拆除重建。

本规范立足于国内公路隧道加固设计、施工方面成熟的经验，同时借鉴吸收国外的经验和技术进行编制，基于成熟理论、可靠方法和可行工艺，并充分考虑与其他相关标准、规范相协调，使本规范具有科学性和实用性。

本规范包括27章和7个附录。其中，前3章，即1总则、2术语和符号、3基本规定，是对隧道加固设计、施工技术的总体规定；第4章～第16章，即4总体设计、5加固材料、6加固计算、7衬砌加固设计、8注浆加固设计、9换拱加固设计、10隧底加固设计、11洞口工程加固设计、12渗漏水处治设计、13裂缝处治与表面缺陷修补设计、14冻害处治设计、15震害及火灾病害加固设计、16特殊地质地段隧道处治设计，是对加固设计中采用的材料、结构计算、加固方法等进行规定；第17章～第27章，即17施工准备与施工组织、18衬砌加固施工、19注浆加固施工、20换拱加固施工、21隧底加固施工、22洞口工程加固施工、23渗漏水处治施工、24裂缝处治与表面缺陷修补施工、25冻害处治施工、26特殊地质地段隧道处治施工、27加固施工监控量测，是对加固施工的准备与组织、方法、工艺、过程质量控制、监控量测等进行规定；附录A加固计算，纳入结构加固计算用到的主要方法；附录B植筋设计，附录C隔热防冻层计算，是具体构件的计算方法；附录D火灾检测方法，附录E高温后混凝土、钢筋强度折减系数，是火灾后对结构受损情况的检查方法、指标等进行规定；附录F植筋施工方法，附录G锚栓施工方法，是对具体构件的施工方法进行规定。

本规范由韩常领负责起草第1、3章，田正负责起草第2、5章，秦洲负责起草第4、27章及第15章的火灾病害加固设计部分，刘学增负责起草第6章及第7章套拱加固设计部分，王华牢、汪成兵负责起草第7章除套拱加固设计外的其他部分，张武祥负责起草第8章，姜杰负责起草第9、10章，李玉文负责起草第11章，李志厚负责起草

第12、13章，陈建勋负责起草第14章，邓承波负责起草第16章及第15章的震害加固设计部分，刘元泉负责起草第17、18章，王万平负责起草第19章，宫成兵负责起草第20章，杨彦民、蔺虎平负责起草第21章，姚红志负责起草第22章，雷华负责起草第23章，夏梁斌负责起草第24章，罗彦斌负责起草第25章，顾博渊负责起草第26章。

请各有关单位在执行过程中，将发现的问题和意见，函告本规范日常管理组，联系人：韩常领（地址：西安市西高新区沣惠南路20号华晶商务广场A座，邮政编码：710075，电话：029-88372160，电子邮箱：sdjgjsgf@163. com），以便修订时参考。

主 编 单 位： 中交第一公路勘察设计研究院有限公司

参 编 单 位： 四川省交通运输厅公路规划勘察设计研究院
云南省交通规划设计研究院
山西省交通规划勘察设计院
中交第一公路工程局有限公司
长安大学
同济大学
交通运输部公路科学研究院
中交瑞道路桥养护科技有限公司

主 编： 韩常领

主要参编人员： 王华牢 宫成兵 秦 洲 李玉文 李志厚 陈建勋
刘学增 姜 杰 刘元泉 张武祥 杨彦民 夏梁斌
顾博渊 田 正 雷 华 邓承波 汪成兵 王万平
姚红志 罗彦斌 蔺虎平

目　次

1　总则

1.0.1　为规范、指导公路隧道加固设计与施工，满足安全适用、技术可靠、经济合理的要求，制定本规范。

1.0.2　本规范适用于山岭公路隧道的加固设计与施工。

1.0.3　隧道加固设计应依据完整的调查、检查、评估资料，合理制订加固方案。

条文说明

调查资料主要包括设计、施工及运营资料等。检查资料一般包括经常检查、定期检查、应急检查和专项检查等资料。

1.0.4　应按审查通过的设计文件进行隧道加固施工，并根据监控量测等信息实施动态管理。

条文说明

首先，隧道结构受力影响因素很多，力学特性非常复杂；其次，山岭公路隧道是地下工程，隐蔽性强，施工前所掌握的资料可能没有全面反映病害情况和特征；再次，加固施工也可能会导致次生病害的出现。故规定加固施工应根据监控量测成果，结合具体情况及时调整设计和施工方案，保证加固工程安全、顺利实施，达到预期目标。

1.0.5　隧道加固施工应遵守国家和行业安全生产的有关法律法规，建立健全安全生产管理体系，明确安全责任，严格执行安全操作规程，保证施工安全。

1.0.6　隧道加固应遵守国家和行业环境保护的有关法律法规，节约用地，减少污染，保护环境。

1.0.7　隧道加固应贯彻国家技术经济政策，积极稳妥地采用新技术、新材料、新设备、新工艺。

1.0.8 隧道加固设计与施工除应符合本规范的规定外，尚应符合国家和行业现行有关标准的规定。

2　术语和符号

2.1　术语

2.1.1　隧道加固　tunnel strengthening

对病害隧道的围岩、结构、构件采取工程措施，使其满足安全性、耐久性及使用功能要求。

2.1.2　衬砌加固　lining strengthening

采用粘贴纤维复合材料、粘贴钢板（带）、喷射混凝土、嵌入钢架、锚杆、套拱等措施提高原衬砌结构承载能力的方法。

2.1.3　套拱加固　overlap arch strengthening

沿原衬砌表面增设拱形混凝土结构，与原衬砌形成共同承载体的加固方法。套拱与原衬砌结合成一体时，称为叠合式套拱；在套拱和原衬砌之间设置防水（保温）层时，称为复合式套拱。

2.1.4　注浆加固　grouting strengthening

通过对隧道围岩或衬砌背后缺陷区域压注浆液，提高整体受力性能的加固方法。

2.1.5　换拱　replace lining

对原衬砌拱墙结构整体或局部拆除后重新施作的加固方法。

2.1.6　隧底换填　replace tunnel basement

清除隧道基底软化围岩、虚渣及不合格的仰拱填料后，回填混凝土等材料对隧底进行加固的方法。

2.1.7　加深仰拱　deepen inverted arch

加大仰拱曲率，改善隧道整体受力状态的加固方法。

2.1.8　洞口安全影响区　security affected area of tunnel portal

隧道洞顶边仰坡以上，存在落石、滚石、崩塌、滑坡、泥石流、雪崩、水害等现象，可能危及隧道洞口安全的区域。

2.1.9 导水法 water diversion method

在衬砌内部或表面设置导水设施将渗漏水引至排水系统的方法。

2.1.10 表面封闭法 surface closing method

利用混凝土表层微细裂缝的毛细作用，吸收低黏度且具有良好渗透性的封闭胶，封闭裂缝的方法。

2.1.11 注射法 injection method

以一定的压力将低黏度、高强度的裂缝修复胶注入缝腔内，进行裂缝修补的方法。

2.1.12 隧道冻害 tunnel frost damage

在寒冷环境下产生的隧道衬砌壁面挂冰、路面结冰、衬砌局部剥落等病害。

2.1.13 隔热防冻法 thermal insulation anti-freeze method

在衬砌结构内或表面增设保温隔热层防止隧道冻害的方法，按在衬砌上设置的范围不同又可分为局部隔热防冻法和整体隔热防冻法。

2.1.14 加热防冻法 heating anti-freeze method

采用加热措施使排水系统或其他易冻结部位的温度保持在冰点以上的方法。

2.2 符号

2.2.1 材料性能符号

E_f——纤维复合材料的弹性模量；

E_{sp}——钢板的弹性模量；

E_{s0}，E_s——原受力主钢筋和新增受力主钢筋的弹性模量；

f_f——纤维复合材料的抗拉强度设计值；

f_y，f'_y——分别为新增受力主钢筋的抗拉强度设计值和抗压强度设计值；

f_{bd}——钢板与混凝土之间的黏结强度设计值；

f_{sp}——钢板的抗拉强度设计值；

f_{c0}，f_c——分别为原衬砌和新增混凝土轴心抗压强度设计值；

f_t，f_{t0}——新、旧混凝土轴心抗拉强度设计值；

f_{y0}，f'_{y0}——分别为原衬砌受拉区受力主钢筋的抗拉强度设计值和受压区受力主钢筋的抗压强度设计值；

f_{yv0}——原箍筋的抗拉强度设计值；

$f_{f,v}$——纤维复合材料与混凝土之间的黏结强度设计值；
λ——隔热防冻层的导热系数；
λ_1——围岩的导热系数；
λ_2——第二层衬砌混凝土的导热系数；
σ_s——受拉边或受压较小边的新增受力主钢筋应力；
σ_{s0}——原衬砌受拉边或受压较小边受力主钢筋应力。

2.2.2 作用效应及承载力符号

M_{0k}——加固前的弯矩标准值；
ε_f——纤维复合材料的拉应变；
ε_{cu}——混凝土极限压应变；
ε_{f0}——考虑二次受力影响时，纤维复合材料的滞后应变；
ε_{s0}——加固前弯矩 M_{0k} 作用下，原受拉区受力主钢筋的应变值；
ε_{s1}——新增受力主钢筋位置处，按平截面假定确定的初始应变值；
$\varepsilon_{sp,0}$——考虑二次受力影响时，受拉钢板的滞后应变。

2.2.3 几何参数符号

A_g，A'_g——分别为受拉边或受压较小边新增受力主钢筋截面面积、受压区新增受力主钢筋截面面积；
A_f——需要粘贴的纤维复合材料的截面面积；
A_{fe}——纤维复合材料的有效截面面积；
A_{sp}——钢板的截面面积；
A_{c0}，A_c——原衬砌受压混凝土截面面积和新增受压混凝土截面面积；
A_{g0}，A'_{g0}——对于受弯构件，分别为原衬砌受拉区和受压区受力主钢筋的截面面积；对于偏心受压构件，分别为原衬砌受拉边或受压较小边受力主钢筋的截面面积、受压边受力主钢筋的截面面积；
A_{sv0}——同一截面内原箍筋的截面面积之和；
a——受拉边或受压较小边新增受力主钢筋合力点至加固后截面近边的距离；
a_0，a'_0——分别为原衬砌受拉边或受压较小边受力主钢筋合力点至加固后截面近边的距离，原衬砌受压边或受压较大边受力主钢筋合力点至加固后截面近边的距离；
b_f——衬砌受拉面粘贴纤维复合材料的总宽度；
b_{sp}——衬砌受拉面粘贴钢板的总宽度；
e——偏心距；
e_a——附加偏心距；
e_i——初始偏心距；

e_0——轴向压力对截面中心的偏心距；
l_c——纤维复合材料粘贴延伸长度；
l_d——植筋锚固深度设计值；
l_s——植筋的基本锚固深度；
l_{sp}——受拉钢板粘贴延伸长度；
n_f——纤维复合材料（单向织物）层数；
t_f——纤维复合材料（单向织物）的单层厚度；
δ——隔热防冻层的厚度；
δ_1——围岩的最大冻结深度；
δ_2——第二层衬砌混凝土的厚度；
ξ_b——增大截面法加固后的正截面相对界限受压区高度；
ξ_{b0}——衬砌加固前的相对界限受压区高度；
$\xi_{b,f}$——纤维复合材料达到其允许拉应变与混凝土压坏同时发生时的界限相对受压区高度；
$\xi_{b,sp}$——受弯构件钢板加固后相对界限受压区高度。

2.2.4 计算系数及其他有关符号

α_c——新增混凝土强度利用系数；
α_r——原衬砌承载力折算系数；
α_s——新增钢筋强度利用系数；
α_{cs}——综合考虑新增混凝土钢筋强度利用程度的修正系数；
α_3——综合考虑受弯构件裂缝受压区高度变化、钢筋拉应变不均匀以及钢筋排列的影响系数；
β_c——混凝土强度影响系数；
ζ——受拉钢筋搭接长度修正系数；
η——偏心增大系数；
κ_m——纤维复合材料厚度折减系数；
φ——构件稳定系数；
ψ_f——考虑纤维复合材料实际抗拉应变达不到设计值而引入的强度利用系数；
ψ_N——考虑各种因素对植筋受拉承载影响而需加大锚固深度的修正系数；
ψ_T——使用环境的温度（T）影响系数；
ψ_w——混凝土孔壁潮湿影响系数；
ψ_{ae}——考虑植筋位移延性要求的修正系数；
ψ_{sp}——二次受力时，钢板抗拉强度折减系数；
ψ_η——偏心增大系数修正系数。

3 基本规定

3.0.1 隧道加固应按检查、设计、施工的程序进行，恢复结构安全性、耐久性及使用功能，满足运营要求。

条文说明

条文中的“恢复”是指，通过加固工程使结构安全性、耐久性及使用功能满足原设计或加固设计要求。

3.0.2 隧道加固范围可为整座隧道或局部段落。对于不宜进行加固的病害隧道，可采取改扩建方案。

3.0.3 隧道加固后的技术标准应结合公路等级、功能、重要性、隧道病害情况及使用年限等因素，从安全、技术、经济等方面综合确定，并应遵循下列原则：

1 隧道加固不应降低原有技术标准。受技术、经济条件限制需降低时，应进行可行性论证。经论证可行后，可采用降低一级设计速度的技术标准进行加固设计，并配套相应的交通安全设施。

2 当公路等级提高，隧道加固技术、经济上可行时，宜按新技术标准进行加固。

3.0.4 应结合加固材料性能因素，确定加固结构的使用年限。使用年限到期后，经可靠性鉴定认为该结构工作正常，可继续延长其使用年限。

条文说明

隧道的加固材料含有合成树脂或其他聚合物时，该类物质均有使用年限要求，年限到期后其性能可能降低，导致加固结构不满足使用要求，故规定本条。

3.0.5 加固设计宜按技术设计和施工图设计两阶段进行。病害机理明确、处理措施简单的隧道加固工程，也可采用一阶段施工图设计。

条文说明

本规范关于加固设计阶段的名称及要求，与交通运输部2018年发布的《公路养护工程管理办法》中设计阶段的名称保持一致。

本条中“病害机理明确”是指通过掌握的隧道既有技术资料，结合病害情况进行分析，可以明确病害产生主要原因；“处理措施简单”是指加固所采用的是成熟、有效、施工简便、经济的技术措施，并对隧道结构、防排水设施等不会产生不利影响。

3.0.6 加固施工应包括施工准备、组织实施、工程验收等程序。施工过程中应收集原始数据、资料，做好施工记录、技术总结及资料归档。

3.0.7 加固施工应结合病害程度、地质条件、运营情况、加固方案等，对施工中可能存在的各种潜在风险进行分析、评估，提出防范对策，制订必要的突发事件应急预案，保证施工安全。

条文说明

若在运营条件下进行加固，需重点分析作业人员、施工机械与运营车辆间的风险问题。

3.0.8 加固施工应根据隧道病害情况、地质条件、原结构技术状况、加固方案及设计要求等编制监控量测方案。

条文说明

隧道加固施工是对运营隧道缺陷或病害进行处治，与新建施工相比情况更为复杂。进行严重病害隧道加固施工时，往往存在一定施工风险，需做好有针对性的监控量测，及时发现加固过程中结构、围岩及地下水的异常状况。

3.0.9 加固施工质量验收应根据本规范及现行《公路工程质量检验评定标准　第一册　土建工程》（JTG F80/1）等相关规范中的要求执行。

条文说明

对于隧道加固施工质量验收，现行《建筑结构加固工程施工质量验收规范》（GB 50550）、《既有建筑地基基础加固技术规范》（JGJ 123）等规范也有相关规定可以借鉴。

3.0.10 对病害严重、成因复杂的隧道加固施工完成后，宜进行相应监测。

条文说明

本条中“病害严重”是指隧道衬砌、隧底、洞口边仰坡等部位发育较难处治的病害，已严重影响运营安全；“成因复杂”是指隧道病害的产生是多方面综合因素导致。

对于病害严重、成因复杂的隧道，加固施工完成后根据需要进行一段时间的监测，不仅使隧道养护技术人员掌握加固工程的效果，还能为以后养护工作积累技术资料。当产生的病害与地下水有紧密联系，按设计要求需要监测时，一般监测时间不少于一个水文年。

4 总体设计

4.1 一般规定

4.1.1 应按确定的技术标准进行加固设计，加固后的衬砌结构承载力、防排水要求等，应符合现行《公路隧道设计规范 第一册 土建工程》（JTG 3370.1）的规定。

条文说明

隧道维修加固工程进行衬砌结构加固、防排水维修处治时，需符合现行《公路隧道设计规范 第一册 土建工程》（JTG 3370.1）的要求；未进行衬砌结构加固、防排水维修处治时，不受该条限制。

4.1.2 应从安全、技术、经济、环保、交通影响等方面进行加固设计方案比选。隧道病害影响小、处理措施简单时，可不做方案比选。

条文说明

隧道加固施工对交通的影响往往不可避免，加固方案的选择需考虑运营和施工安全问题，尽量减少对交通影响，保证行车和作业人员的安全。

本条中“隧道病害影响小”是指隧道病害不严重、易于处治，同时对运营安全影响不明显；“处理措施简单”的含义与本规范3.0.5条文说明中解释一致。

4.1.3 对提高原结构承载能力的加固工程应进行结构计算，并应结合工程类比进行设计。

条文说明

本条中的“提高原结构承载能力”是相对于衬砌结构承载力现状而言，并非提高原设计衬砌结构承载力值。

对于提高原结构承载能力的加固设计，采用结构计算的方法进行定量分析，能够量化既有结构承载能力及其加固后的安全储备，分析加固效果；同时考虑到隧道加固工程是实践性很强的技术工作，类似工程的加固经验也具有借鉴、指导意义，故要求进行工程类比。

4.1.4 加固设计需对隧道平、纵面线形进行调整时，调整后的技术指标应符合相关规范的要求。

条文说明

隧道加固时，结合病害处治可能需要对平、纵线形进行适当调整。比如以往加固案例中，对衬砌进行套拱加固后适当降低隧道路面高程，保证内轮廓不侵入建筑限界，就存在对纵面线形进行适当调整，调整后的技术指标需要符合现行《公路路线设计规范》(JTG D20)及《公路隧道设计规范 第一册 土建工程》(JTG 3370.1)等规范的相关要求。

4.2 加固设计

4.2.1 加固设计前，应搜集隧道原设计、施工及运营资料等，并结合检查、评估成果进行现场复核，掌握隧道技术状况。

条文说明

加固设计前，搜集隧道既有技术资料，有助于全面掌握隧道的地质条件、结构形式、防排水设施、施工情况、运营情况等，并结合检查、评估报告中的病害情况，分析判断病害产生的原因，采取有针对性的处治措施。当资料不完整，不满足加固设计要求时，尚需采取专项检查或地质勘察进行完善。

进行病害现场复核主要考虑检查后隧道病害可能会进一步发展，同时设计人员掌握了发展情况有助于认识、分析病害情况及发展趋势。

4.2.2 加固设计应包括项目概况、病害情况及成因分析、加固方案、施工计划等内容。

4.2.3 应结合公路等级、结构形式、病害情况等，进行加固方案设计。加固方案可由一种或多种处治方法组成，处治方法可按表 4.2.3 选用。

4.2.4 加固设计应符合下列规定：

1 应根据隧道地质条件、使用环境、病害情况，并考虑新旧材料的结合性能、材料性能差异等进行设计。

2 应减少对原有结构的损伤，新旧结构应连接可靠，整体共同工作。

3 应减小对原防排水系统的影响，保持防水系统完整，排水系统通畅。

4 采取多种处治措施时，应明确施工顺序。

5 应与施工方法相结合，明确主要施工工艺及材料性能指标，宜采用施工简便、工艺成熟、对环境影响小的方案。

表 4.2.3　隧道加固方法选择表

处治方法		病害原因														病害（缺陷）特征	预期效果
		不利外力因素								其他							
		松弛压力	偏压	地层滑坡	膨胀性压力	承载力不足	静水压	冻胀力	地震	火灾	材料劣化	渗漏水	衬砌背后空洞	衬砌厚度不足	无仰拱		
衬砌加固	粘贴纤维复合材料加固									☆	○			○		①衬砌网状裂缝； ②衬砌受拉开裂趋于稳定； ③衬砌材料轻微劣化	①与衬砌共同承担拉应力，防止衬砌拉裂； ②防止衬砌局部劣化
	粘贴钢板（带）加固	☆	○	○	○	★	☆	○	○	☆	○			★		①衬砌开裂、剥离、剥落； ②衬砌材料劣化； ③衬砌厚度、强度轻微不足，结构基本稳定	与衬砌共同受力，一定程度提高承载能力，改善受力状况
	喷射混凝土	☆	○	○	○	★	☆	○	○	★	★			★		①衬砌开裂、剥离、剥落； ②衬砌材料劣化； ③衬砌厚度、强度不足	①与衬砌共同受力，提高承载能力，改善受力状况； ②防止衬砌局部劣化
	嵌入钢架加固	★	☆	○	○	★	○	○	☆	☆				☆		衬砌裂损严重	与衬砌共同受力，提高承载能力
	锚杆加固	★	★	○	★	☆		○	☆	○				○		衬砌混凝土开裂，侧壁混凝土挤压错台	①提高岩体稳定性，防止松弛压力增大； ②平衡、改善衬砌受力状态； ③改善围岩物理力学性能
	套拱	★	☆	☆	☆	★	★	★	★	★	☆	☆		★		①衬砌严重裂损、剥离、剥落； ②衬砌材料劣化严重； ③大面积渗漏水	①提高衬砌整体承载能力； ②防止衬砌渗漏水

续表 4.2.3

处治方法		病害原因														病害（缺陷）特征	预期效果
		不利外力因素								其他							
		松弛压力	偏压	地层滑坡	膨胀性压力	承载力不足	静水压	冻胀力	地震	火灾	材料劣化	渗漏水	衬砌背后空洞	衬砌厚度不足	无仰拱		
注浆加固	围岩注浆	★	★	☆	★	☆	★	☆	☆			☆	○	○		①围岩松弛导致衬砌混凝土开裂、变形； ②衬砌渗漏水	①改善围岩物理力学性能，提高岩体的抗剪强度和黏结力； ②抑制衬砌渗漏水
	衬砌背后空洞注浆					○	☆	★				☆	★	☆		①空洞导致衬砌开裂、剥离、剥落； ②衬砌渗漏水	①衬砌与岩体紧密结合，荷载作用均匀，防止围岩失稳； ②抑制衬砌渗漏水
换拱		☆	☆	☆	☆	★	☆	○	★	★	★	○		★		①衬砌混凝土严重开裂、变形、错台； ②衬砌混凝土严重劣化	提高衬砌承载能力、耐久性
隧底加固	隧底换填				○	★										基底围岩软化、虚渣等导致路面开裂	提高地基承载力，防止隧底变形
	仰拱补强	☆	☆	○	★	★	☆	○	☆							①仰拱混凝土开裂，局部破损； ②路面开裂、底鼓	增强仰拱强度，提高结构承载能力
	增设仰拱	★	○	○	★	★	★	○	☆						★	①衬砌混凝土开裂，墙脚向内收敛； ②路面开裂，底鼓严重	①改善衬砌整体受力； ②提高对膨胀围岩和软弱围岩压力的抵抗能力
	加深仰拱				★	☆	★	○								①仰拱破坏； ②路面严重开裂，底鼓	①改善衬砌整体受力； ②提高对膨胀围岩、软弱围岩压力及承压水的抵抗能力
	隧底桩基		☆		○	★									☆	①路面沉陷、错台、开裂； ②衬砌结构受力不均	提高地基承载力

续表 4.2.3

处治方法		病害原因														病害（缺陷）特征	预期效果
		不利外力因素								其他							
		松弛压力	偏压	地层滑坡	膨胀性压力	承载力不足	静水压	冻胀力	地震	火灾	材料劣化	渗漏水	衬砌背后空洞	衬砌厚度不足	无仰拱		
隧底加固	隧底注浆	○			☆	★									☆	①隧底基础软弱、承载力不足； ②衬砌结构受力不均	提高地基承载力
	锚杆（管）锁脚					☆									☆	①边墙不均匀沉降； ②衬砌开裂	提高衬砌墙脚结构稳定性
洞口工程加固	洞门墙加固		☆	☆	☆			☆	★		○					洞门墙体有尚在发展的裂缝，墙体局部倾斜、错台	恢复洞门墙整体性、稳定性
	重建洞门		☆	☆	☆	☆		☆	★							洞门墙体严重倾斜，结构严重破坏，墙体有大面积开裂错台，洞门墙倒塌	重建洞门，提高安全性
	接长明洞、棚洞		☆	★					★							洞口有落石、滚石、崩塌、泥石流、雪崩等危及洞口安全的因素	增长保护区，降低边仰坡，提高洞口安全性
	主、被动防护网								★							洞口有落石、滚石、崩塌等危及洞口安全的因素	防止落石、滚石、崩塌体等滚落
排水止水		○	○	☆	☆	☆	★	★	○			★				①衬砌渗漏水； ②路面翻浆、唧泥	①无渗漏水； ②恢复排水系统功能

注：1. 符号说明：★-对病害处治非常有效的方法；☆-对病害处治较有效的方法；○-对病害处治有些效果的方法。
2. 松弛压力中包括突发性坍塌情况；火灾是材料劣化的一种特殊形式，单独列出。
3. 隧道冻害处治措施依据本规范表 14.2.1 选用。

6　对存在的围岩塌方、结构失稳、有害气体逸出、突涌水等风险，应提出防控措施。

7　应结合对行车影响、交通量、车道数、区域路网情况，合理设计交通组织方案。

条文说明

1　本款中“材料性能差异”主要是指不同材料受力时，会产生不同的变形量，通常通过计算确定两种材料协同受力情况。

2　隧道加固不仅要考虑隧道结构特点、荷载作用影响，还要充分理解各种加固方法的作用机理，使新增构件（如粘贴钢板、喷射混凝土、锚杆、套拱等）与原结构有效组合、共同受力。

3　防排水系统不通畅或被破坏可能导致一系列问题的产生，比如衬砌承受过大水压力、衬砌渗漏水、路面渗水等。本规范中部分加固措施的实施，可能会损坏防水系统或堵塞排水系统，比如衬砌上的锚杆加固会损坏防水板，注浆加固可能堵塞局部排水系统等。方案选择时，在加固效果均满足要求的情况下，通常采取对防排水系统影响小的方案。若采取的方案对防排水系统有明显影响，一般也会采取补救措施实现排水顺畅。

4　部分隧道病害成因复杂，病害也不是独立存在，往往需采取多种措施进行综合处治。这种条件下，施工顺序是否合理直接关系到加固的效果及施工安全，故本款要求设计文件中要明确。比如：裂缝修补前一般先进行渗漏水的治理；套拱加固前对原衬砌上存在的病害先进行处治；换拱加固时，衬砌拆除前先对围岩进行加固等。

5　隧道加固施工限制条件较多，设计人员需熟悉现场情况、施工条件、施工工艺等，避免施工开展困难，故规定此款。

4.2.5　隧道加固对邻近建筑物或设施有影响时，应采取防护、拆除或改迁等措施。

4.3　施工计划

4.3.1　加固设计应提出合理的施工计划。施工计划宜包括施工方法、工艺及工序、工期、原有设施保护、交通组织、临时设施、监控量测、环境保护、注意事项等。

4.3.2　施工计划编制应符合下列规定：

1　应考虑工程量、施工难易程度及对交通影响程度等因素，确定合理的施工方案和施工进度。

2　加固施工对机电附属设施有影响时，应先进行临时改迁或采取保护措施。

3　交通组织方案应提出交通导行、管制、应急预案等。

4　必要时，应根据加固设计对主要的施工机械设备、洞内外临时设备的技术指标作出要求。

5　根据隧道技术状况及加固施工对结构、围岩可能产生的影响，应提出监控量测方案。

条文说明

4　本款中对施工设备提出技术要求，主要是考虑机械设备对场地条件的适应性及对原结构的损伤情况等方面，比如嵌入钢架时开槽采取的设备不同，对原衬砌的损伤就不同，设计时要明确机械设备技术指标，减小损伤。

4.3.3　交通组织方案应符合下列规定：

1　中断交通施工时，应合理利用联络通道、临时便道、互通立交等进行交通导行。

2　不中断交通施工时，应根据隧道加固作业的内容与要求、时间和周期、交通量等因素设定作业控制区，应按作业控制区交通控制标准设置相关的渠化设施，并指派专人负责交通引导。

3　应结合交通组织方案，制定安全保障措施。

5 加固材料

5.1 一般规定

5.1.1 加固材料的品种规格和性能指标，应符合国家、行业现行相关标准的规定，并满足设计要求。

5.1.2 加固材料应满足安全、环保、强度、耐久性的要求。

5.2 水泥与混凝土

5.2.1 衬砌加固用水泥应采用强度等级不低于42.5级硅酸盐水泥、普通硅酸盐水泥或快硬硅酸盐水泥；在腐蚀环境下，应采用满足要求的特种水泥。

条文说明

衬砌加固对水泥性能有特殊要求时，需选用耐相应环境因素的特种水泥。例如在硫酸盐侵蚀环境下，一般选用抗硫酸盐型硅酸盐水泥；在氯离子侵蚀环境下，一般选用硫铝酸盐水泥等。

5.2.2 模筑混凝土强度等级宜比原结构强度提高一级，且不应低于C25；补偿收缩混凝土强度等级不得低于C30，膨胀剂用量宜为30~60kg/m^3。

条文说明

提高混凝土强度主要是保证新混凝土具有足够的承载能力，同时新旧混凝土之间有足够的黏结强度，以利于整体受力。补偿收缩混凝土一般用于衬砌的凿槽填充、局部嵌补等情况。

5.2.3 衬砌加固用喷射混凝土强度等级不应低于C25。

5.2.4 喷射纤维混凝土除应符合现行《岩土锚杆与喷射混凝土支护工程技术规范》(GB 50086)外，尚应符合下列规定：

1　粗集料粒径不应大于10mm，宜采用连续级配。

2　钢纤维宜采用等效直径为0.3～0.5mm的方形或圆形断面，长度宜为20～25mm，长度直径比宜为40～60，掺量的体积率宜为0.35%～1.5%。

3　合成纤维可采用聚丙烯腈纤维、聚丙烯纤维、聚酰胺纤维或聚乙烯纤维等，掺量的体积率宜为0.06%～0.25%。

条文说明

用于喷射混凝土增韧作用时，通常掺入较高体积率的钢纤维；用于喷射混凝土防开裂作用时，通常掺入较低体积率的钢纤维或合成纤维。

5.3　钢材

5.3.1　钢筋、锚杆品种应符合下列规定：

1　钢筋混凝土中的钢筋技术条件，应符合现行《钢筋混凝土用钢　第一部分：热轧光圆钢筋》（GB 1499.1）、《钢筋混凝土用钢　第二部分：热轧带肋钢筋》（GB 1499.2）的规定。

2　锚杆预应力筋宜采用预应力螺纹钢筋。

3　植筋应采用热轧带肋钢筋，不得使用光圆钢筋。

条文说明

1　加固时用的HPB300主要作为混凝土构造钢筋，HRB400、HRB500主要作为混凝土受力钢筋。

2　预应力螺纹钢筋抗拉强度远高于普通钢筋，且连接可靠、构造简单、便于接长。

3　植筋采用热轧带肋钢筋，主要是为了使植入钢筋与混凝土之间有较强的握裹力，增强植筋可靠性。

5.3.2　钢板、钢带、型钢、钢管应符合下列规定：

1　粘贴钢板、钢带宜采用Q345级钢材，型钢、钢管宜采用Q235级、Q345级钢材，钢材的性能应符合现行《碳素结构钢》（GB/T 700）和《低合金高强度结构钢》（GB/T 1591）的规定。

2　钢材的性能设计值应按现行《钢结构设计标准》（GB 50017）的规定采用。

3　重要结构的焊接构件，应采用Q235-B级、Q345-C级钢材。

条文说明

1　Q345级钢材抗拉强度较高，制作钢板、钢带时推荐采用。型钢、钢管的主要性能受钢材刚度控制，通常选用Q235级、Q345级钢材。

5.4 注浆材料

5.4.1 注浆材料可采用水泥（砂）浆、水泥-水玻璃浆、超细水泥浆、水溶性聚氨酯浆液、丙烯酸浆液等。

5.4.2 水泥-水玻璃浆液中的水泥浆应选用普通硅酸盐水泥配制；水玻璃模数宜为2.4～3.2，浓度不宜小于40°Bé。

条文说明

制备水泥-水玻璃浆液时，浆液配合比通常根据注浆要求通过现场试验确定。水泥浆一般集中制备，水玻璃在使用前加水稀释至20～35°Bé备用。注浆时通过调整速凝剂、缓凝剂的掺量可使凝结时间控制在几秒到几十分钟内。

5.4.3 超细水泥浆中水泥平均粒径不宜大于4μm，最大粒径不宜大于20μm，比表面积不宜小于850m^2/kg。

条文说明

超细水泥颗粒细，比表面积大，活性高，浆液保水性强，为保证水泥结石有一定的强度和提高注浆质量，通常采用比普通水泥更小一些的水灰比，同时一般掺加适量外加剂，增强浆液流动性。

5.4.4 水溶性聚氨酯浆液性能指标应符合表5.4.4的规定。

表5.4.4 水溶性聚氨酯浆液性能指标

性能项目		性能要求
浆体性能	黏度（MPa·s）	<1 000
	抗渗指标（MPa）	>0.9
	遇水膨胀率（%）	≥20
与混凝土黏结强度（MPa）		≥1.1
结石抗压强度（MPa）		<1.5

条文说明

水溶性聚氨酯浆液性能指标根据注浆加固的具体需求，一般由厂家调节凝胶时间，凝胶时间通常为10～1 800s。

5.4.5 丙烯酸盐浆液按固化物理性能分为Ⅰ型和Ⅱ型，主要性能指标应符合表5.4.5的规定。

表5.4.5 丙烯酸盐浆液性能指标

性能项目		性能要求	
		Ⅰ型	Ⅱ型
浆体性能	黏度（MPa·s）	≤10	
	渗透系数（cm/s）	$\leq 1.0 \times 10^{-6}$	$\leq 1.0 \times 10^{-7}$
	遇水膨胀率（%）	≥30	
固砂体抗压强度（MPa）		≥0.2	≥0.4

条文说明

丙烯酸盐浆液一般通过加入铁氰化钾或硫酸亚铁，来延长或缩短浆液的凝胶时间，根据注浆加固的具体需求由厂家调节凝胶时间，凝胶时间通常为20～1 200s。

5.5 聚合物改性水泥砂浆

5.5.1 加固用聚合物改性水泥砂浆分为Ⅰ级和Ⅱ级，安全性能指标应符合表5.5.1的规定。

表5.5.1 聚合物改性水泥砂浆安全性能指标

性能项目			性能要求	
			Ⅰ级	Ⅱ级
浆体性能	劈裂抗拉强度（MPa）		≥7	≥5.5
	抗折强度（MPa）		≥12	≥10
	抗压强度（MPa）	7d	≥40	≥30
		28d	≥55	≥45
黏结能力	与钢丝绳的黏结抗剪强度（MPa）	标准值	≥9	≥5
	与混凝土正拉黏结强度（MPa）		≥2.5，且为混凝土内聚破坏	

5.5.2 衬砌混凝土强度等级高于C25时，加固用聚合物改性水泥砂浆应采用Ⅰ级聚合物砂浆；衬砌混凝土强度等级不高于C25时，可采用Ⅰ级或Ⅱ级聚合物砂浆。

5.5.3 加固用聚合物改性水泥砂浆宜选用改性环氧类、改性丙烯酸酯类、改性丁苯类或改性氯丁类聚合物乳液配制，不得使用聚乙烯醇类、氯偏类、苯丙类聚合物以及乙烯-醋酸乙烯共聚物配制。

条文说明

聚合物改性水泥砂浆成功采用了改性环氧、丁苯、氯丁等聚合物材料；而聚乙烯醇类聚合物耐水性差，氯偏类聚合物可能加速钢筋锈蚀，苯丙类聚合物对人体健康有危害，不推荐使用。

5.5.4 聚合物改性水泥砂浆的黏结抗剪性能应经湿热老化检验合格，检验应按现行《混凝土结构加固设计规范》（GB 50367）的规定进行。经湿热老化后的试件，应在常温条件下进行钢-钢拉伸抗剪试验，Ⅰ级聚合物砂浆的抗剪强度降低应不大于10%，Ⅱ级聚合物砂浆的抗剪强度降低应不大于15%。

5.5.5 寒冷地区隧道加固使用聚合物改性水泥砂浆，应通过耐冻融性能试验。冻融环境温度应为 -25 ~ 35℃；循环次数不应少于 50 次；每次循环时间应为 8h；试验结束后，在常温条件下进行钢丝绳与浆体黏结试验，Ⅰ级聚合物砂浆的抗剪强度降低应不大于5%，Ⅱ级聚合物砂浆的抗剪强度降低应不大于10%。

5.6 纤维复合材料

5.6.1 纤维复合材料可采用碳纤维、玻璃纤维及芳纶纤维，其品种和性能应符合下列规定：

1 应采用连续纤维。

2 碳纤维应采用不大于 12K（K = 1 000）小丝束的聚丙烯腈基（PAN 基）纤维，不得使用大丝束纤维。

3 应采用高强度玻璃纤维或含碱量低于 0.8% 的无碱玻璃纤维，不得使用高碱或中碱的玻璃纤维。

4 碳纤维、玻璃纤维及芳纶纤维复合材料的主要力学性能指标，应符合表 5.6.1 的规定。

表 5.6.1 纤维复合材料主要力学性能指标

纤维类别		性能项目					
		抗拉强度标准值（MPa）	弹性模量（MPa）	断裂伸长率（%）	弯曲强度（MPa）	纤维复合材料-混凝土正拉黏结强度（MPa）	层间剪切强度（MPa）
碳纤维	高强度Ⅰ级	≥3 400	≥2.4×10^5	≥1.6	≥700	≥2.5，且为混凝土内聚破坏	≥45
	高强度Ⅱ级	≥3 000	≥2.0×10^5	≥1.5	≥600		≥35
玻璃纤维	S型（高强）	≥2 200	≥1.0×10^5	≥2.5	≥600		≥40
	E型（无碱）	≥1 500	≥7.2×10^4	≥1.8	≥500		≥35
芳纶纤维	高强度Ⅰ级	≥2 100	≥1.1×10^5	≥2.2	≥400		≥40
	高强度Ⅱ级	≥1 800	≥0.8×10^5	≥2.6	≥300		≥30

条文说明

2　加固用碳纤维时，选用不大于12K的小丝束聚丙烯腈基（PAN基）纤维，主要因为PAN基碳纤维安全性及耐久性比其他类型的碳纤维要优越，小丝束纤维抗拉强度稳定，变异系数较小。

5.6.2　纤维复合材料与其他结构胶黏剂配套使用时，应对其抗拉强度标准值、纤维复合材料-混凝土正拉黏结强度、层间剪切强度重新做适配性试验。

条文说明

纤维复合材料和某一种胶黏剂的配伍通过了安全性和适配性试验，并不等于与其他胶黏剂的配伍也具有同等的安全性及适配性，因此需要重新做安全性和适配性试验。

5.6.3　纤维复合材料的单位面积纤维质量应符合下列规定：

1　单层纤维布材的单位面积纤维质量不宜高于300g/m²。

2　单层芳纶纤维布材的单位面积纤维质量不宜高于450g/m²。

3　玻璃纤维布材的单位面积纤维质量不宜高于600g/m²。

条文说明

本条对不同类型纤维复合材料单位面积纤维最大质量进行规定，主要原因是单位面积纤维质量过大将导致布材太厚，胶黏剂不能有效渗透而影响加固质量，其前提是材料主要力学性能指标达到了表5.6.1中相关要求。

纤维复合材料的单位面积纤维质量，通常按照现行《增强制品试验方法　第3部分：单位面积质量的测定》（GB/T 9914.3）进行测定。

5.7　胶黏剂

5.7.1　加固用结构胶应采用A级胶，其设计使用年限不应低于30年。

条文说明

根据加固工程的实际需要，室温固化型Ⅰ类结构胶划分为A、B两级，本规范中粘贴纤维复合材料和粘贴钢板（带）要求采用A级结构胶。

5.7.2　粘贴纤维复合材料用结构胶的安全性能指标应符合表5.7.2的规定。

表 5.7.2　粘贴纤维复合材料用结构胶安全性能指标

性 能 项 目		性 能 要 求
胶体性能	抗拉强度（MPa）	≥38
	抗拉弹性模量（MPa）	≥2 400
	抗弯强度（MPa）	≥50，且不得呈碎裂状破坏
	抗压强度（MPa）	≥70
	伸长率（%）	≥1.5
黏结能力	钢-钢拉伸抗剪强度标准值（MPa）	≥14
	钢-钢粘贴抗拉强度（MPa）	≥40
	钢-C45 混凝土的正拉黏结强度（MPa）	≥2.5，且为混凝土内聚破坏
不挥发物含量（固体含量）（%）		≥99

条文说明

粘贴纤维复合材料和粘贴钢板用结构胶的安全性能指标按现行《工程结构加固材料安全性鉴定技术规范》（GB 50728）的有关规定进行测定。

5.7.3　粘贴钢板用结构胶的安全性能指标应符合表 5.7.3 的规定。

表 5.7.3　粘贴钢板用结构胶的安全性能指标

性 能 项 目		性 能 要 求
胶体性能	抗拉强度（MPa）	≥30
	抗拉弹性模量（MPa）	≥3 200（2 500）
	抗弯强度（MPa）	≥45，且不得呈碎裂状破坏
	抗压强度（MPa）	≥65
	伸长率（%）	≥1.2
黏结能力	钢-钢拉伸抗剪强度标准值（MPa）	≥15
	钢-钢对接黏结抗拉强度（MPa）	≥33
	钢-C45 混凝土的正拉黏结强度（MPa）	≥2.5，且为混凝土内聚破坏
不挥发物含量（固体含量）（%）		≥99

注：表中括号内的抗拉弹性模量指标仅用于灌注黏结型胶黏剂。

5.7.4　加固用的底胶应与结构胶相适配，其安全性能应符合表 5.7.4 的规定。

表 5.7.4　底胶的安全性能指标

性 能 项 目		性 能 要 求
底胶	钢-钢拉伸抗剪强度标准值（MPa）	≥20，且为结构胶的胶层内聚破坏
	与混凝土的正拉黏结强度（MPa）	≥2.5，且为混凝土内聚破坏
	不挥发物含量（固体含量）（%）	≥99

5.7.5 加固用修补胶的安全性能指标应按配套结构胶的要求确定。

条文说明

结构加固用的修补胶，主要用于修补被粘贴表面的小缺陷，一般其性能与配套的结构胶相当，且能够在较低的温度和压力下固化。

5.7.6 植筋、钢板（带）锚栓用胶黏剂宜采用快固结构胶，其安全性能指标应符合表5.7.6的规定。

表5.7.6 植筋、钢板（带）锚栓用胶黏剂安全性能指标

<table>
<tr><th colspan="3">性能项目</th><th>性能要求</th></tr>
<tr><td rowspan="3">胶体性能</td><td colspan="2">劈裂抗拉强度（MPa）</td><td>≥8.5</td></tr>
<tr><td colspan="2">抗弯强度（MPa）</td><td>≥50，且不得呈碎裂状破坏</td></tr>
<tr><td colspan="2">抗压强度（MPa）</td><td>≥60</td></tr>
<tr><td rowspan="3">黏结能力</td><td colspan="2">钢-钢（钢套筒法）拉伸抗剪强度标准值（MPa）</td><td>≥16</td></tr>
<tr><td rowspan="2">约束抗拔条件下带肋钢筋与混凝土的黏结强度（MPa）</td><td>C30，ϕ25mm
埋深150mm</td><td>≥12</td></tr>
<tr><td>C60，ϕ25mm
埋深125mm</td><td>≥18</td></tr>
</table>

5.7.7 胶黏剂的黏结抗剪性能应经湿热老化检验合格，检验应按现行《混凝土结构加固设计规范》（GB 50367）的规定进行。经湿热老化后的试件，应在常温条件下进行钢-钢拉伸抗剪试验，其强度降低应不大于12%。

5.7.8 胶黏剂必须通过毒性检验。严禁使用乙二胺作为环氧树脂的固化剂，严禁掺入挥发性有毒溶剂和非反应性稀释剂。

5.7.9 寒冷地区隧道用胶黏剂应通过耐冻融性能试验。冻融环境温度应为-25～35℃；循环次数不应小于50次；每次循环时间应为8h；试验结束后，应在常温条件下进行试件的钢-钢黏结拉伸抗剪试验，其抗剪强度降低率不应大于5%。

5.8 裂缝修补材料

5.8.1 裂缝压注胶可分为裂缝封闭胶和裂缝修复胶两类，分别适用于裂缝的封闭和补强。

条文说明

裂缝压注胶一般包括改性环氧树脂类、改性丙烯酸酯类及改性聚氨酯类等胶液，通常采用表面封闭法、注射法或压力注浆法进行修补。

5.8.2 裂缝封闭胶安全性能指标应符合粘贴纤维复合材料A级胶的相关规定。

5.8.3 裂缝修复胶适用于注射法施工，应满足灌浆工艺简便、可灌注性好、固化时间可控、固化后收缩性小的要求，其安全性能指标应符合表5.8.3的规定。

表5.8.3 裂缝修复胶安全性能指标

性能项目		性能要求
胶体性能	抗拉强度（MPa）	≥25
	抗拉弹性模量（MPa）	≥1 500
	抗压强度（MPa）	≥50
	抗弯强度（MPa）	≥30，且不得呈碎裂破坏
黏结能力	钢-钢拉伸抗剪强度标准值（MPa）	≥15
	钢-干态混凝土正拉黏结强度（MPa）	≥2.5，且为混凝土内聚破坏
	钢-湿态混凝土正拉黏结强度（MPa）	≥1.8，且为混凝土内聚破坏
不挥发物含量（固体含量）（%）		≥99
耐湿热老化性能		通过耐湿热老化性能试验，与室温下短期试验结果相比其抗剪强度降低率不大于12%

5.8.4 裂缝注浆料按其所使用的黏结材料的不同，可分为改性环氧基注浆料和改性水泥基注浆料。

条文说明

本条中所列的改性环氧基裂缝注浆料含有一定比例的细集料，对于细微裂缝的可灌性较裂缝修复胶差，其主要安全性能指标低于裂缝修复胶，一般适用于压注宽度1.5～3.0mm的裂缝。改性水泥基裂缝注浆料一般有改性聚合物水泥注浆料、不回缩微膨胀水泥浆、超细无收缩水泥注浆料等，一般适用于压注宽度3.0～5.0mm宽的裂缝。

5.8.5 改性环氧基裂缝注浆料安全性能指标应符合表5.8.5的规定。

表5.8.5 改性环氧基裂缝注浆料安全性能指标

性能项目		性能要求
浆体性能	劈裂抗拉强度（MPa）	≥7.0
	抗弯强度（MPa）	≥25，且不得呈碎裂状破坏
	抗压强度（MPa）	≥60
黏结能力	钢-钢拉伸抗剪强度标准值（MPa）	≥7.0
	钢-钢黏结抗拉强度（MPa）	≥15
	钢-混凝土正拉黏结强度（MPa）	≥2.5，且为混凝土内聚破坏
耐湿热老化性能		通过耐湿热老化性能试验，其抗剪强度平均降低率不大于20%

5.8.6 改性水泥基裂缝注浆料安全性能指标应符合表5.8.6的规定。

表5.8.6 改性水泥基裂缝注浆料安全性能指标

性能项目	性能要求
劈裂抗拉强度（MPa）	≥4.0
抗压强度（MPa）	≥55
抗折强度（MPa）	≥8.0
与混凝土正拉黏结强度（MPa）	≥1.5

注：表中强度均为养护龄期28d所测强度。

5.9 保温隔热材料

5.9.1 保温隔热材料根据材质和成型工艺，可分为软质模塑、软质挤塑、硬质模塑、硬质挤塑四种类型。

5.9.2 保温隔热材料应符合防水性、抗渗透性、防火性、耐久性和防腐性要求，主要技术性能指标应符合表5.9.2的规定。

表5.9.2 保温隔热材料的技术性能指标

性能项目	技术性能指标	
	软质	硬质
导热系数［W/（m·K）］	≤0.05	≤0.05
抗压强度（MPa）（变形10%）	≥0.2	≥0.3
燃烧性能	不低于B2级	不低于B2级
温度稳定性（%）	≤4	≤4
浸水96h吸水率（%）	≤1.5	≤1.0
工作温度（℃）	-40~70	-50~70
耐静水压力（MPa）	≥0.2	≥0.2
垂直渗透系数（cm/s）	$\leq 10^{-7}$	$\leq 10^{-11}$

条文说明

保温隔热材料包括酚醛泡沫、聚氨酯、聚乙烯、干法硅酸铝纤维等。各种保温隔热材料的生产工艺和材质不同，其导热系数、抗压强度、耐水性能、燃烧性能等差别较大，因此在具体工程中需根据设置部位、环境温度、地下水、防火要求等因素合理选择。

6 加固计算

6.1 一般规定

6.1.1 加固设计前，应根据隧道病害程度对原隧道结构进行受力计算，并对实施加固后的隧道结构进行受力验算。

条文说明

加固设计前对原衬砌结构进行计算，可以及时掌握衬砌结构的安全状况，并核查加固后衬砌结构受力情况，确保加固后衬砌结构受力满足现行《公路隧道设计规范　第一册　土建工程》（JTG 3370.1）的相关要求。

6.1.2 计算采用的原衬砌材料性能指标、几何参数等，应采用隧道衬砌现状的实测值。

条文说明

隧道原衬砌材料、几何参数往往与原设计不完全相符，为保证计算分析与实际情况相吻合、结果可靠，故规定加固设计采用现场病害调查和检测的实测值。

6.1.3 加固过程中受力计算应根据施工中荷载的变化分阶段进行，结构加固后的受力计算可按整体一次性受力进行。

条文说明

加固材料与原结构有效结合前，计算时假定原有结构承受所有荷载；加固材料和原构件有效结合后，计算时把原有结构和新增结构作为整体进行受力变形分析。

6.1.4 深埋隧道的整体式衬砌，浅埋隧道的整体式衬砌、复合式衬砌的二次衬砌及明洞衬砌等，衬砌结构内力计算宜采用荷载结构法；复合式衬砌中的二次衬砌与初期支护共同承担围岩压力及其他外部荷载时，可采用地层结构法计算内力和变形，并采用荷载结构法验算。

6.1.5 当原衬砌已接近丧失承载能力时，加固后的衬砌结构验算不宜考虑原衬砌的作用。

条文说明

当原衬砌结构在外力（如外水压力、冻胀力、近接施工、地震荷载等）或其他因素作用下不能继续承担外部荷载，衬砌结构变形超过正常使用允许值，基本接近破坏，经论证采用加固处理后，验算加固后结构承载力时，不考虑原衬砌结构作用，认为原衬砌结构已退出了工作，只考虑新增加固措施的承载能力。

6.2 荷载

6.2.1 围岩压力变化不大，由环境、材料、施工或设计等因素引起的隧道病害，进行隧道加固时，宜按新建隧道计算荷载。

6.2.2 隧道病害由外力引起，病害无继续发展趋势时，荷载计算应符合下列规定：

1 结构存在轻微破损时，宜按新建隧道计算荷载。

2 结构存在破坏或较严重破坏时，宜按新建隧道低一级围岩的物理力学参数计算荷载。

条文说明

1 按现行《公路隧道养护技术规范》（JTG H12），衬砌技术状况值为2，即结构存在轻微破损，现阶段趋于稳定，其围岩压力变化较小时，荷载的计算按新建隧道进行。

2 按现行《公路隧道养护技术规范》（JTG H12），衬砌技术状况值大于或等于3，即结构存在破坏或较严重破坏时，围岩的实际压力通常大于原设计压力，致使结构超载产生病害。考虑实际的围岩压力较难获取，在无实测资料时，通常按原设计围岩级别降低一个等级近似计算现有荷载；当原围岩级别为Ⅵ级不能降低时，通常对围岩压力进行重新评估。

6.2.3 隧道病害由外力引起且尚在发展时，荷载计算应符合下列规定：

1 计算围岩压力时，宜采用至少低一级围岩的物理力学参数进行计算。

2 由地下水压力引起衬砌破损时，荷载计算应考虑衬砌外围水压力的影响；当隧道病害段水文地质条件复杂且地下水压力较大时，应进行专项研究。

3 膨胀性围岩、高地应力、地质条件变化以及近接施工，引起隧道衬砌结构破损较严重时，应进行围岩压力专项研究。

4 滑坡引起隧道衬砌结构破损较严重时，宜通过坡体稳定性分析确定边坡滑动对隧道衬砌结构产生的附加荷载。

5　冻胀力引起隧道衬砌结构破损较严重时，宜根据当地的自然条件、围岩冬季含水率、冻结深度及排水条件计算冻胀压力。

条文说明

2　当考虑外围水压力引起衬砌破损时，外围水压力的计算通常采用折减系数法进行估算，外围水压力的折减系数根据地下水活动状态和对围岩稳定的影响进行确定，具体参考现行《水工隧洞设计规范》（SL 279）中相关规定取值。

3　通常情况下，膨胀性岩体、高地应力以及近接施工等，引起隧道结构病害的围岩压力在实际中较难准确取得，一般通过监测结构变形，采用位移反演分析的方法推算实际的围岩压力。

4　对滑坡引起衬砌结构较严重破损的情况，通常采用传递系数法计算作用在隧道结构上的附加荷载。

6.2.4　衬砌背后空洞注浆或围岩注浆产生的荷载，应包括注浆压力荷载和浆液自重荷载。注浆压力荷载宜按线性方式分布计算；浆液自重荷载宜根据填充的浆液高度、重度进行计算。

条文说明

注浆时，注浆嘴处压力最大，随距注浆嘴距离的增大浆液压力逐渐降低，大体认为呈线性减小，故推荐采用线性方式分布计算。

6.2.5　采用换拱加固时，应对地质条件重新评估，并按新建隧道确定计算荷载。

条文说明

采用换拱加固进行病害处治的隧道，说明其原衬砌结构已经破坏或劣化严重，不能满足既有功能。受力导致原衬砌结构已经破坏时，加固前需进行地质勘察，重新划定围岩级别，并根据现行《公路隧道设计规范　第一册　土建工程》（JTG 3370.1）确定围岩压力；腐蚀性导致衬砌混凝土劣化时，需进行水的腐蚀性分析；火灾引起衬砌混凝土劣化时，一般采用原地质勘察结论。

6.3　计算模型

6.3.1　隧道病害计算模型应符合下列规定：

1　衬砌厚度不足，应按隧道衬砌的实际厚度进行计算。

2　应按实测的材料弹性模量、抗压强度和抗拉强度值进行计算。

3　采用荷载结构法计算时，衬砌背后空洞处应不计围岩压力和地层抗力；采用地层结构法计算时，空洞应按实际几何尺寸建模分析。

4 结构存在裂缝，贯通裂缝可采用“塑性铰”模拟；素混凝土衬砌受拉区开裂，应采用有效面积计算；钢筋混凝土衬砌受拉区开裂，开裂部分拉应力全部由钢筋承担，混凝土应采用有效面积计算。

条文说明

隧道衬砌病害有多种，以下重点对常见的病害，如衬砌厚度不足、衬砌材料劣化、衬砌背后空洞、衬砌裂缝计算模型进行说明：

1 衬砌厚度不足计算模型：在经过检测后，一般衬砌厚度不足有一定范围，如图 6-1a) 中 W，取隧道衬砌的实际厚度计算截面面积和惯性矩等参数。对于素混凝土直接参照图 6-1 计算模型进行计算；对于钢筋混凝土需掌握衬砌受压侧和受拉侧钢筋保护层厚度，然后建立模型进行分析。

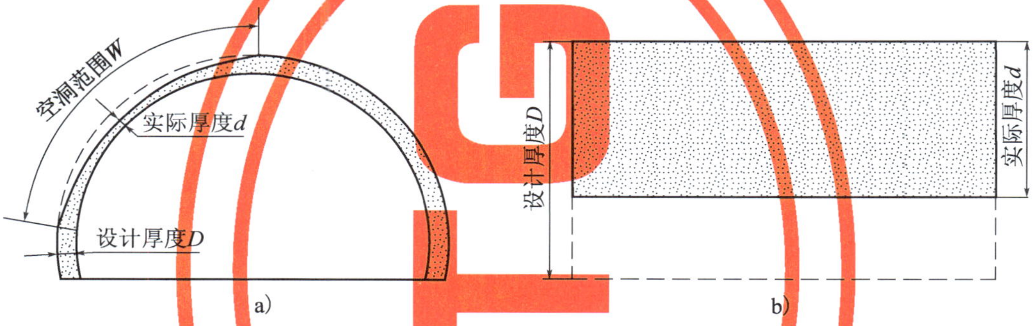

图 6-1 衬砌结构厚度不足示意图

2 衬砌材料劣化计算模型：衬砌材料劣化会影响承载力和结构刚度，进行加固计算通常采用实测的材料弹性模量、抗压强度和抗拉强度。

3 衬砌背后空洞计算模型：衬砌背后空洞包括空洞形状、深度、宽度等多个参数，通常利用地质雷达等获取。空洞区域衬砌结构无围岩压力作用，围岩对结构变形无约束作用，计算衬砌结构内力时，去掉计算模型中对应区域的围岩压力和弹性抗力作用。具体计算模型如图 6-2 所示。

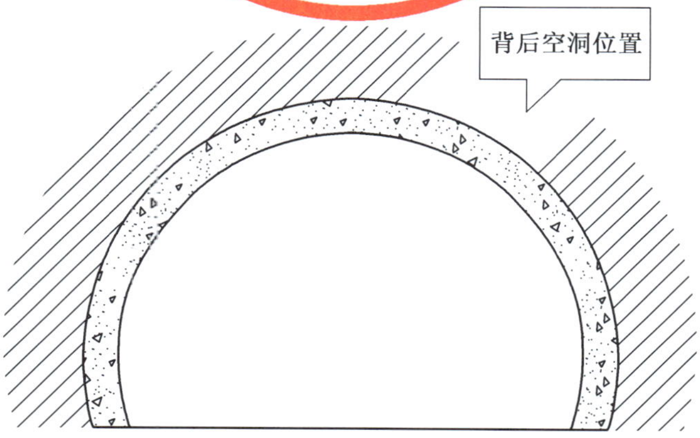

图 6-2 衬砌背后空洞示意图

4 裂缝计算模型：

隧道衬砌结构裂缝主要有环向裂缝、斜向裂缝、纵向裂缝三种类型。在进行带裂缝衬砌结构承载力模型计算时，考虑到环向裂缝对衬砌结构承载力影响较小，在计算中不必进行验算；斜向裂缝对衬砌结构有一定影响，由于其走向与隧道轴线有一定夹角，不能按平面应变进行计算，必要时建立三维有限元进行模拟；纵向裂缝对衬砌结构安全性影响明显，是结构承载能力计算主要考虑因素之一，由于其走向基本与隧道轴线平行，可采用平面应变建立模型。

对于衬砌结构已经贯通的裂缝，将其等效成活动铰支座，采用“塑性铰”模拟；对于裂缝未贯通的素混凝土衬砌（图6-3），计算时采用有效面积（原衬砌结构面积减去混凝土开裂面积）进行结构安全性验算；对于裂缝未贯通的钢筋混凝土衬砌，受拉区开裂后，认为开裂部分拉应力全部由钢筋承担，该部分混凝土不承受拉应力，认为裂缝深度即为截面中性轴的位置，求出衬砌结构极限承载内力，继而算出截面安全系数。

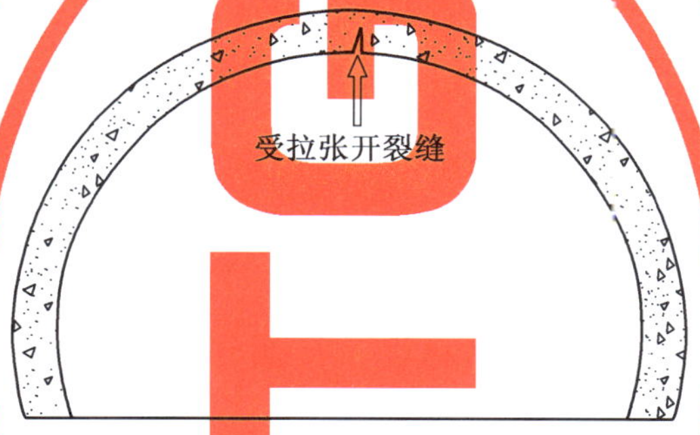

图6-3 衬砌未贯通裂缝示意图

对于重要工程，必要时考虑采用有限元断裂力学，通过接触单元模拟裂缝不同状态（张拉、滑移等），分析带裂缝衬砌结构裂缝尖端的应力强度因子和裂缝断裂韧度，计算出裂缝尖端稳定系数，然后与截面强度验算安全系数对比，综合判定裂缝衬砌结构安全性，一般取两者安全系数较小值作为控制值。

6.3.2 采用套拱加固时，计算应符合下列规定：

1 采用叠合式套拱时，宜按整体受力进行计算。

2 采用复合式套拱时，宜分别计算原衬砌和套拱的承载力；结构内力计算可不考虑新增套拱和原有结构的剪切作用。

条文说明

1 采用叠合式套拱加固时，原衬砌和新增套拱结合面间能够有效传递剪应力，新旧结构形成一个变形协调的整体，按整体受力计算。内力计算时，一般不考虑原衬砌病害的影响；承载力验算时，需考虑原衬砌病害的影响。

2 采用复合式套拱加固时，新增套拱内力计算需考虑原衬砌病害；套拱承载力验算按现行《公路隧道设计规范　第一册　土建工程》（JTG 3370.1）中结构计算规定执行。

6.3.3 采用粘贴钢板和粘贴纤维复合材料加固时，加固层和原衬砌结构宜按无相对滑移、变形协调状态考虑。

条文说明

在进行粘贴钢板或粘贴纤维复合材料加固隧道衬砌时，为简化计算，不考虑加固结构与原衬砌结构之间的相对位移，认为两者处于变形协调状态。

6.3.4 锚杆加固衬砌结构，采用地层结构法计算时，锚杆宜采用杆单元进行模拟；采用荷载结构法计算时，锚杆宜采用弹簧单元进行模拟。

条文说明

采用地层结构法计算时，锚杆一般采用杆单元进行模拟，只受轴向拉、压作用；采用荷载结构法计算时，锚杆一般采用弹簧单元进行模拟，弹簧一端固定在围岩上，一端作用在衬砌上，刚度 $K=EA/L$，其中 E 为锚杆的弹性模量（MPa），A 为锚杆的截面积（mm^2），L 为锚杆的长度（mm）。

6.3.5 采用荷载结构法计算时，围岩弹性抗力系数应根据实际围岩情况测定；无实测资料时，可按现行《公路隧道设计规范》（JTG D70）选取。

6.3.6 衬砌背后空洞注浆后，结构内力计算应计入原空洞处的围岩弹性抗力。

6.3.7 围岩采用注浆加固时，宜对加固范围的围岩按承载拱计算，承载拱和衬砌共同承担围岩压力。

条文说明

承载拱的厚度为注浆管的入岩深度，承载拱的重度和弹性模量取用围岩的参数，承载拱的计算内摩擦角为岩体的计算内摩擦角，建议黏聚力提高20%～30%。

6.4 结构计算

6.4.1 隧道衬砌结构产生病害导致承载力降低需要补强时，应根据衬砌破损技术状况值对衬砌结构承载力进行折算。无试验数据时，折算系数宜按表6.4.1取值。

表 6.4.1 隧道原衬砌承载力折算系数 α_r

状况值	4	3	2
素混凝土衬砌	0.1	0.5	0.6
钢筋混凝土衬砌	0.1	0.7	0.8

注：1. α_r 的取值参考相关隧道补强试验和统计数据。
2. “4、3、2”为现行《公路隧道养护技术规范》(JTG H12) 中的隧道衬砌技术状况值。

6.4.2 当采用多种加固方法处治时，应考虑前序方法对围岩力学性能的改善及衬砌结构承载能力的提高进行加固计算。

6.4.3 衬砌加固计算方法宜按表 6.4.3 选用。

表 6.4.3 衬砌加固计算方法

加固方法	计算方法
叠合式套拱加固	增大截面加固法（附录 A.1）
喷射混凝土加固	
粘贴钢板加固	粘贴钢板加固法（附录 A.2）
粘贴纤维复合材料加固	粘贴纤维复合材料加固法（附录 A.3）

6.4.4 洞口洞门加固计算应符合下列规定：

1 边仰坡采用锚杆、锚索、抗滑桩等加固措施时，应验算加固后的稳定性。

2 洞口有危岩体分布或边仰坡有崩塌可能时，宜计算预测落石的运动轨迹和范围。

3 采取防护网措施时，宜对防护网的布设位置、范围、强度等进行分析。

4 加固后的洞门端墙应按现行《公路隧道设计规范 第一册 土建工程》(JTG 3370.1) 对结构及整体稳定性进行计算。

条文说明

洞门端墙存在因倾覆、滑动、基础承载力不足而导致结构破坏的情况时，加固方案通常进行结构计算，以保证加固效果。

7 衬砌加固设计

7.1 一般规定

7.1.1 衬砌加固可采用粘贴纤维复合材料、粘贴钢板（带）、喷射混凝土、嵌入钢架、锚杆、套拱等加固方法。

7.1.2 采用粘贴纤维复合材料、粘贴钢板（带）、喷射混凝土、套拱等加固措施时，应对衬砌进行基面处理，并应符合下列规定：

1 应清除衬砌表面的剥落、疏松、蜂窝、腐蚀等劣化部分及附着物。

2 采用喷射混凝土、叠合式套拱加固时，新旧混凝土接触面应露出集料新鲜面。

条文说明

1 加固时未清除隧道修建过程中的衬砌表面缺陷及运营过程中的腐蚀、附着物等，会降低加固材料与原有衬砌黏结效果，影响协同受力，严重影响加固效果。

2 采用喷射混凝土、叠合式套拱加固时，基面处理后露出集料新鲜面，并能形成凹凸面，有利于两层混凝土的黏结。

7.1.3 特殊环境下，衬砌加固应采用耐环境因素作用的材料，加固用钢材应采取相应的防护措施。

条文说明

本条中“特殊环境”是指高温、高湿、低温、冻融、介质侵蚀等环境。为保证加固措施的有效性、耐久性，需采用耐环境因素作用的胶黏剂、特种水泥等材料，加固用的钢材需进行防护处理。

7.2 粘贴纤维复合材料加固设计

7.2.1 本方法适用于衬砌网状开裂或因受拉而开裂并趋于稳定、原衬砌混凝土实际强度等级不低于 C20 的局部衬砌加固。

条文说明

本条根据粘贴纤维复合材料加固方法的特性，规定了其适用条件。对原衬砌混凝土强度进行规定，主要是考虑纤维复合材料抗拉强度、胶黏剂黏结强度虽高，但原衬砌混凝土强度不足时，衬砌受拉条件下混凝土表面易发生剥离破坏，发挥不了加固材料性能，也达不到加固效果。

7.2.2 应根据病害程度、材料性能，计算确定纤维复合材料粘贴层数，且不宜超过三层。

条文说明

采用粘贴纤维复合材料加固时，随着材料设置层数的增多，加固效果会随着提高，但并非线性增长，纤维复合材料的利用率会逐渐降低，故对粘贴层数进行限制规定。若粘贴三层仍达不到加固要求，通常采用其他加固方案。

7.2.3 根据裂缝分布情况，可采用条带状或环向满铺的粘贴方式，纤维复合材料的幅宽不应大于200mm，布设范围宜延伸至加固段落外0.5m以上。

条文说明

根据实践经验，纤维复合材料进行整幅满铺粘贴时，幅宽较大时其内部残留的空气很难完全排除，胶层厚度也不易控制，导致黏结质量大大降低，影响纤维复合材料的正常受力，故对其加固前的裁剪宽度提出规定。

7.2.4 粘贴纤维复合材料加固由衬砌表面向外应为底胶、不平整修复层、结构胶、纤维复合材料、防火层等，并应符合下列规定：

1 条状粘贴时纤维经向应与裂缝走向垂直。

2 沿纤维受力方向的搭接长度不应小于100mm，搭接应避免设置在衬砌开裂的部位。

3 采用多层纤维复合材料加固时，其搭接位置应相互错开，错开距离不宜小于100mm。

4 纤维复合材料端部应设置横向压条。

条文说明

粘贴纤维复合材料加固断面如图7-1所示，图中仅示意加固断面情况，并不是限定采用环向铺设方向。

不平整修复材料具有相应的黏度及黏结强度，是为使衬砌表面的凹凸部位平顺而设置的。

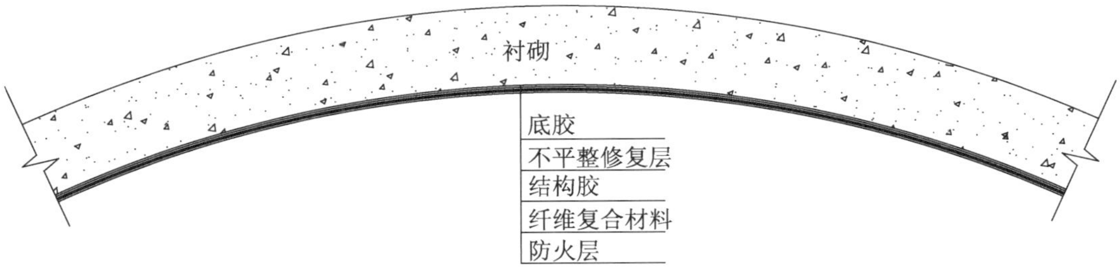

图 7-1　纤维复合材料粘贴断面图

1　纤维复合材料的纤维经向具有良好的受力能力，为充分发挥材料性能而作此规定。

2、3　研究表明，接头的搭接长度如在 100mm 以上，接头强度大致可以达到纤维复合材料的抗拉强度；搭接长度在 100mm 以下，接头强度随接头长度的减小而急剧下降。为了获得足够的强度，本款对最小搭接长度进行规定。

单层及多层纤维复合材料的接头构造如图 7-2、图 7-3 所示。

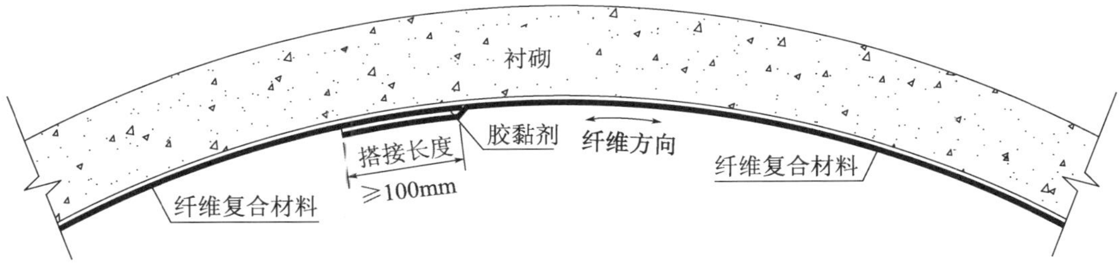

图 7-2　单层纤维复合材料接头构造

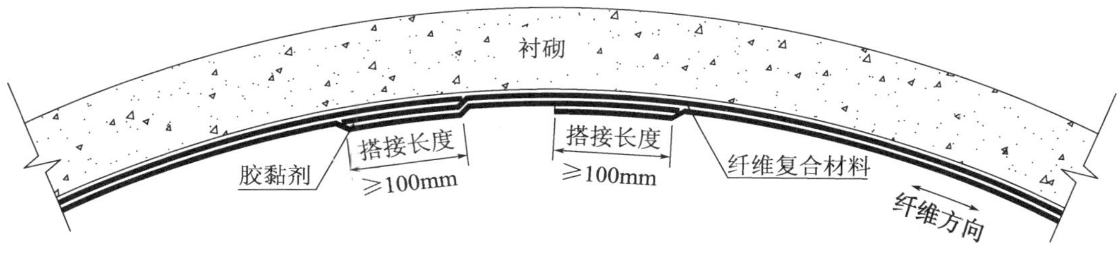

图 7-3　多层纤维复合材料接头构造

7.2.5　纤维复合材料表面应采取相应的防火措施，耐火等级应满足隧道原设计防火要求。

条文说明

纤维复合材料及胶黏剂一般是可燃的材料，故要求在有防火需要的隧道采用时需对其进行耐火性防护。

7.3 粘贴钢板（带）加固设计

7.3.1 本方法适用于衬砌局部脱落或强度、厚度不足，隧道净空富余量较小，原衬砌混凝土强度等级不低于 C20 的衬砌加固。

7.3.2 应根据病害情况，计算确定钢板（带）厚度、宽度、间距及加固范围，并应符合下列规定：

1 宜采用全断面条带状设置，布设范围宜延伸至加固段落外 1～2m。

2 钢板宽度宜为 200～400mm，W 钢带宽度宜为 200～300mm。

3 钢板厚度宜为 5～10mm，W 钢带厚度宜为 3～5mm。

条文说明

钢板粘贴方法如图 7-4 所示。

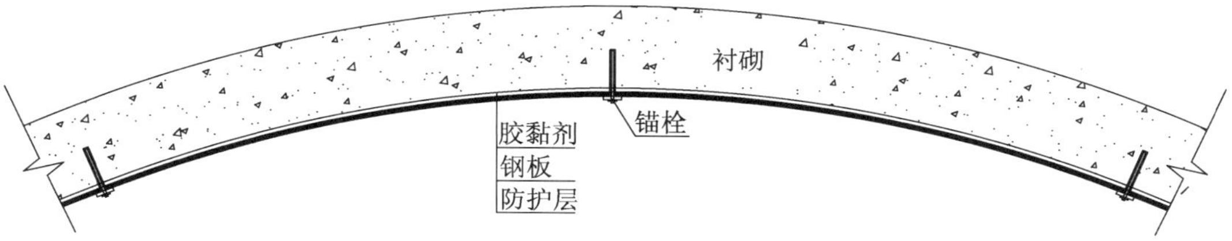

图 7-4 钢板粘贴断面图

1 结合公路隧道衬砌受力特点及常见病害情况，通常将钢板环向设置。在特殊情况下，局部设置时也允许改变设置方向，但需设置成钢板沿主要轴向力作用方向。

2 采用钢板（带）加固时，理论上较宽的钢板（带）加固效果较好。但其宽度过大，会导致钢材单位长度质量大，施工时要增加钢板（带）的分割段数，同时由于幅宽较大，胶黏剂注射质量也不易保证，故本款给出了钢板（带）的宽度范围。

3 本款要求加固用钢板的厚度适中，主要原因是若钢板较薄，加固效果不明显且施工时会因压注而产生较大的挠度，从而影响施工精度；若钢板过厚，不易进行成型加工，同时钢板质量大，施工时要增加钢板的分割段数，加固效果不易保证。W 钢带的厚度一般较薄，过厚的钢带加工困难。

7.3.3 用于固定钢板（带）、粘贴加压的锚栓中心间距宜为 300～500mm，锚固深度不应小于 10 倍锚栓直径。

条文说明

一般衬砌上粘贴钢板（带）所设置的锚栓主要用于钢板固定与粘贴加压，按不参与后期受力考虑。

7.3.4 钢板应经锚栓锚固后采用压力注胶的方法与衬砌进行粘贴，胶黏剂平均厚度宜为 3～5mm。W 钢带与衬砌宜采用压力注胶或涂胶的方法进行粘贴。

7.3.5 钢板（带）的接头应符合下列规定：

1 相邻两环钢板（带）的接头应环向错开，距离不小于 500mm。

2 钢板（带）接头处宜进行焊接。

3 钢板（带）接头位置上应设置钢压板，相邻两环钢板可采用钢压板进行纵向连接。

4 钢压板厚度、宽度宜与钢板（带）一致，并经锚栓固定后采用胶黏剂黏结。

条文说明

钢板不连续处是钢板的薄弱部位，因此对钢板接头构造提出要求，如图 7-5 所示。

图 7-5 钢板的接头构造图

7.3.6 锚固件应采用胶黏型锚栓或后扩底锚栓，不得采用膨胀型锚栓作为连接件。承重构件的锚栓应进行承载力验算。

条文说明

本规范与现行《混凝土结构加固设计规范》（GB 50367）保持一致，采用了胶黏型锚栓的叫法，市场上通常叫化学锚栓。后扩底锚栓通常采用自扩底锚栓和模扩底锚栓两种形式，这两种锚栓嵌入基材混凝土后能起到机械锁键作用，并产生类似预埋的效应。

7.3.7 钢板（带）表面应采取防腐蚀、防锈蚀处理措施，处理材料不应与胶黏剂发生不良反应。

条文说明

对粘贴在混凝土表面的钢板（带）进行防护处理，主要是考虑加固衬砌用钢板（带）一般较薄，容易因锈蚀而显著削弱截面，甚至引起应力集中，其后果必然影响使用寿命。

7.3.8 结构有防火要求时，应按现行《建筑设计防火规范》（GB 50016）规定的耐火等级及耐火极限要求，对胶黏剂和钢板（带）进行防护。

7.4 喷射混凝土加固设计

7.4.1 本方法适用于衬砌局部裂损或强度、厚度不足时的衬砌加固。喷射混凝土应与钢筋网、植筋（锚杆）等配合使用，植筋设计可按本规范附录B执行。

条文说明

喷射混凝土能使裂缝表面封闭，增强原衬砌的整体性和截面厚度，从而提高裂损衬砌的承载能力。在喷射混凝土中加入钢筋网能防止收缩裂缝，提高新增结构的整体性和抗震、抗剪切能力。植筋能强化新增结构与原衬砌的衔接。植筋、钢筋网、喷射混凝土三者优势互补，对增加裂损衬砌的刚度、稳定性以及提高结构承载能力的效果较显著。

7.4.2 应根据病害情况、净空富余量，结合喷射混凝土的类型计算确定喷射混凝土厚度、强度。

7.4.3 喷射混凝土加固宜全断面实施，纵向宜延伸至加固段落外1～2m。

7.4.4 采用喷射混凝土加固时，应符合下列规定：

1 喷射混凝土厚度不应小于50mm，不宜大于200mm。

2 应对原衬砌表面进行凿毛处理，粗糙面凹凸差不应小于6mm。

3 喷射混凝土与原衬砌采用植筋连接时，植筋间距不应大于0.75m，锚固长度不应小于10d（d为钢筋直径），钢筋直径不应小于12mm，植筋位置应避开裂损处。

4 可采用抗裂性能较高的纤维混凝土。

条文说明

1 喷射混凝土具有一定的收缩性，若其厚度小于50mm，喷层中粗集料的含量甚少，容易引起收缩开裂，同时喷层过薄常出现局部开裂和剥落现象。喷射混凝土厚度超过200mm时不经济，一般采用模筑混凝土，故本款规定了喷射凝土加固的厚度范围。

4 喷射混凝土掺入钢纤维合成纤维后，其抗拉强度、韧度、抗裂性能有显著提高。

7.5 嵌入钢架加固设计

7.5.1 本方法适用于隧道衬砌裂损严重、承载力不足、净空富余量较小的素混凝土衬砌加固。

条文说明

钢筋混凝土衬砌嵌入钢架时，需破坏原衬砌的纵向受力钢筋，故规定该方法仅适用于素混凝土衬砌。同时采用该方法也需查清原衬砌厚度，衬砌欠厚严重时嵌槽往往会穿透衬砌。

7.5.2 应根据病害情况，计算确定钢架型号、间距、设置范围，加固范围宜延伸至加固段落外 1 ~ 2m。

7.5.3 钢架宜采用 H 型钢、工字钢，间距宜为 0.75 ~ 1.5m，钢架的混凝土保护层厚度不应小于 30mm。

条文说明

H 型钢与其他型钢相比较具有良好的力学性能，相同刚度条件下型钢截面高度小，相应的开槽深度也小，故建议优先采用。

钢架间距过小，开槽间距也相应减小，对原衬砌整体性影响增大；间距过大，加固作用不明显，故对钢架间距作出规定。

7.5.4 嵌入钢架加固宜采用全断面布置，拱脚基础应牢固，宜采用锁脚措施与钢架连接。

条文说明

嵌入钢架加固分全断面嵌拱架和局部嵌拱架两种方式，全断面设置受力效果较好，故推荐采用。嵌入钢架时，拱墙部位的受力传递至拱脚，为保证拱脚部位牢固，要求采取锁脚措施。

7.5.5 开槽深度应满足钢架及保护层厚度要求，并不宜大于原二次衬砌厚度的 2/3。开槽宽度比钢架宽不应小于 50mm。

7.5.6 槽内宜采用自密实补偿收缩混凝土进行填充。

条文说明

为防止槽内填充材料收缩，同时嵌入拱架后槽内剩余空间有限，不易振捣，达不到填充密实的要求，推荐采用自密实补偿收缩混凝土。混凝土的限制膨胀率通常介于0.025%～0.06%，集料粒径通常不大于12mm。

7.6 锚杆加固设计

7.6.1 本方法适用于地质条件适宜情况下衬砌开裂、错台等病害的加固，宜与喷射混凝土、嵌入钢架、套拱等措施配合使用。

条文说明

锚杆加固效果是否理想，地质条件很关键，严重湿陷性黄土、严重腐蚀等地段不适宜采用锚杆加固，若要采用通常先进行试验。其原因是在严重湿陷性黄土地段锚杆施作后锚固效果较差，严重腐蚀地段将导致杆体腐蚀，防治有一定难度。

7.6.2 应根据病害情况，结合地质条件、水文条件等确定锚杆类型、长度、间距、布设范围、倾角等。

条文说明

《岩土锚杆与喷射混凝土支护工程技术规范》（GB 50086）中，锚杆按预应力情况分为预应力锚杆、低预应力锚杆和非预应力锚杆，具体分为以下类型：

（1）预应力锚杆包括拉力型锚杆、压力型锚杆、拉力分散型锚杆、压力分散型锚杆、后（重复）高压灌注锚杆、可拆芯式锚杆等。

（2）低预应力锚杆包括涨壳式中空注浆锚杆、树脂卷与快硬水泥卷锚杆、摩擦型锚杆等。

（3）非预应力锚杆包括普通水泥砂浆锚杆、自进式中空注浆锚杆、普通中空锚杆、纤维增强塑料锚杆等。

7.6.3 锚杆加固范围宜延伸至加固段落外3～5m，锚杆长度不宜小于4m。

7.6.4 全长黏结型及端头锚固型锚杆杆体直径宜为22～32mm。

7.6.5 加固采用的锚杆应设垫板，垫板尺寸不宜小于150mm×150mm×6mm（长×宽×厚），并应施加不小于50kN的锚固力。

条文说明

锚杆外露端头设垫板并紧贴衬砌表面，可产生径向约束力，增大锚杆的作用范围，使锚杆的作用效果大大提高，本条为充分发挥锚杆作用进行规定。

7.6.6 在膨胀性围岩、高地应力软岩等地压力较大条件下，锚杆长度不宜小于8m，设置角度、材料、尺寸、锚固段长度、防腐蚀等应符合现行《岩土锚杆与喷射混凝土支护工程技术规范》（GB 50086）的相关规定。

7.6.7 围岩压力以垂直地压为主时锚杆宜布置在拱部，以侧压为主时锚杆宜布置在侧壁。隧道病害较严重时，锚杆应全断面布置。

7.6.8 锚杆锚头应采取封锚措施。

7.7 套拱加固设计

7.7.1 本方法适用于隧道结构裂损严重或衬砌大面积劣化、剥落病害的衬砌加固，也可作为严重渗漏水的处治措施。

条文说明

本条中“大面积”通常指面积在$10m^2$以上。

7.7.2 套拱加固宜采用钢筋混凝土套拱、钢架混凝土套拱等，应根据隧道病害程度，计算分析确定套拱形式、厚度、加固范围。

条文说明

套拱根据施工工艺一般分为喷射混凝土、模筑混凝土结构。钢筋混凝土套拱一般采用模筑混凝土；钢架混凝土套拱多采用喷射混凝土，其具有施工快速的特点，故在紧急情况下或施工条件受限时采用。

7.7.3 钢架混凝土套拱可采用钢格栅、工字钢、H型钢等，钢架间距宜为0.50～1.20m。

条文说明

钢架混凝土套拱中的钢架是套拱承载能力的重要提供者，钢架间距若太大，会导致钢架套拱的整体刚度不足而达不到加固效果，因此规定了拱架的间距。

7.7.4 套拱的变形缝位置应与原衬砌变形缝位置一致。

7.7.5 隧道渗漏水严重时，应在套拱和原衬砌间设置完善的防排水系统。

条文说明

套拱加固能够在套拱与原衬砌间设置完善的防排水系统，是解决严重衬砌渗漏水的有效方法之一。但套拱施工时间长、造价高，仅作为衬砌渗漏水治理措施的案例较少。

7.7.6 套拱宜全断面布置，并应设置锁脚锚杆（管）稳固基础，必要时可增设仰拱。

条文说明

套拱加固能大幅提高衬砌的承载力，但若将检修道等不稳固体作为基础，其作用难以发挥，为防止该类情况出现，在此处进行明确规定。

7.7.7 叠合式套拱应采用植筋、铺设钢筋网等措施使新旧混凝土形成整体结构。

条文说明

对于叠合式套拱，为了保证新增套拱和原衬砌具有良好的结合性，前述条文已要求在原衬砌表面凿出新鲜毛面，该处进一步要求采取植筋、锚固等措施，加强二者连接，使它们能够变形协调、共同承载。

7.7.8 复合式套拱应采用钢筋混凝土结构，混凝土强度等级不应低于C30。

7.7.9 采用套拱加固时，应符合下列规定：

1 模筑混凝土套拱厚度不宜小于200mm。

2 喷射混凝土套拱厚度不宜小于150mm。

3 套拱布设范围宜延伸至加固段落外2～3m。

4 相邻钢架应采用纵向筋连接。

5 叠合式套拱植筋间距不应大于1m，锚固长度不应小于10d（d为钢筋直径）。

条文说明

1、2 隧道的净空富余情况、设置套拱的目的不同，对其厚度的要求也不同，但需保证套拱结构有足够的安全性和耐久性，故规定了套拱的最小厚度。特别是对复合式套拱而言，新旧结构之间没有进行黏结，对套拱厚度的要求更严。

4 设置纵向连接钢筋是为了保证钢架的整体性，并防止其在混凝土的振捣中偏离设计位置。

8 注浆加固设计

8.1 一般规定

8.1.1 注浆加固适用于围岩松弛、衬砌背后空洞引起的衬砌开裂、变形、渗漏水等病害的处治。

8.1.2 围岩注浆和衬砌背后空洞注浆加固，应根据病害情况及部位合理选择注浆方式、顺序及浆液类型等。

8.1.3 应评估注浆加固对防排水系统的影响，采取防排水系统保护和恢复措施。

条文说明

采用注浆加固处治结构问题时，注浆施工往往会破坏防水板、堵塞排水通道。隧道原有防排水系统基本完好时，注浆加固措施需慎重使用。当隧道结构病害严重，注浆加固具有良好处治效果时，一般先进行注浆加固确保结构安全后，再采取增加集水孔、疏通排水设施等补救措施，保证加固后排水系统通畅。

8.2 围岩注浆加固设计

8.2.1 应根据病害成因、病害程度、围岩条件，分析确定围岩注浆范围，结合注浆设备、浆液扩散半径等综合确定注浆孔数、深度、间距等。

8.2.2 注浆材料选用应符合下列规定：

1 一般条件下宜采用水泥浆液。

2 有堵水要求时，宜选用水泥-水玻璃浆液或水溶性聚氨酯浆液等高分子注浆堵水材料。

3 在中、细、粉砂层及细小裂隙岩层、断层泥等发育地段，宜采用渗透性好、遇水膨胀的化学类浆液或超细水泥浆液。

8.2.3 浆液配制宜根据浆液种类、胶凝时间、地质条件等因素通过现场试验后确定，并应符合下列规定：

1 普通水泥浆液的水灰比宜为0.5∶1～1∶1.2。

2 水泥-水玻璃浆液中的水泥浆与水玻璃体积比宜为1∶0.3～1∶1，水泥浆液的水灰比宜为0.5∶1～1.5∶1。

3 超细水泥浆水灰比宜为0.5∶1～1∶1。

8.2.4 注浆压力宜根据浆液种类、地质条件、静水压力等因素通过现场试验确定，并应符合下列规定：

1 注浆压力宜采用0.5～1.5MPa。不影响结构安全时，黏度高的悬浊液宜采用较高压；渗透性好的化学浆在满足注浆扩散半径的条件下，宜采用较低压。

2 有堵水要求时，注浆压力一般比静水压力大0.5～1.5MPa；当静水压力较大时，注浆压力宜为静水压力的2～3倍。

8.2.5 围岩注浆管应采用钢管，管径宜采用42～50mm，壁厚不宜小于3.5mm。

8.2.6 注浆量应根据围岩岩性、孔隙率及扩散半径等因素计算确定。

条文说明

围岩注浆量一般按下列规定计算：

（1）土质隧道中注浆量 Q 通常按式（8-1）计算：

$$Q = KVn \tag{8-1}$$

式中：Q——浆液总用量（m^3）；

V——注浆对象的土量（m^3）；

n——土的孔隙率；

K——经验系数，按表8-1取值。

表8-1 经验系数 *K*

类别	软土、黏性土、细砂	中砂、粗砂	砾砂	湿陷性黄土
K	0.2～0.4	0.4～0.6	0.5～0.7	0.5～0.8

（2）岩层中注浆用量 Q 通常按式（8-2）计算：

$$Q = \pi r^2 L\eta\beta \tag{8-2}$$

式中：r——浆液扩散半径（m）；

L——注浆管长度（m）；

η——岩层裂隙率，一般取1%～5%；

β——浆液在裂隙内的有效充填系数，通常取0.3～0.9，视岩层性质而定。

围岩中存在溶蚀情况或 $\eta > 5\%$ 时，注浆量计算困难，一般采用注浆压力控制注浆量或采取帷幕封堵再进行分区注浆加固，注浆量按注浆终压时的注浆总量来确定。若进浆量过大或存在异常情况，需停止注浆查明原因。

8.2.7 注浆孔宜采用梅花形布设，孔深不宜小于4m，间距宜为0.75～1.5m，注浆孔口应采取封堵措施。

8.3 衬砌背后空洞注浆加固设计

8.3.1 应根据衬砌背后空洞位置、规模及施工条件等综合确定注浆孔布设范围、孔深、注浆顺序。

条文说明

衬砌背后空洞注浆通常有两种情况，如图8-1所示。

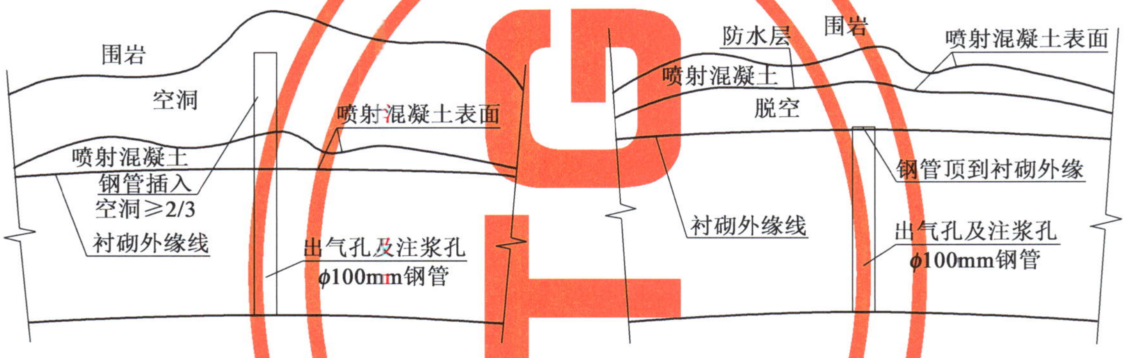

图8-1 衬砌背后空洞加固示意图

8.3.2 注浆材料宜采用水泥砂浆，水泥砂浆的水灰比宜为0.8∶1～1∶1，水泥和砂的比率宜为1∶0.5，且水泥砂浆的掺砂量不宜大于水泥质量的2倍。

8.3.3 应根据衬砌厚度和配筋情况等确定注浆压力，并应符合下列规定：

1 素混凝土衬砌不宜大于0.1MPa。

2 钢筋混凝土衬砌不宜大于0.2MPa。

条文说明

衬砌背后空洞注浆时，注浆压力会作用在衬砌结构上，增加结构的附加荷载，故对不同衬砌结构形式的注浆压力提出要求。

8.3.4 衬砌背后空洞注浆管宜采用钢管或硬质塑料管，管径宜采用40～60mm，注浆孔口应采取封堵措施。

8.3.5 注浆孔深度设计应符合下列规定：

1 注浆填充二次衬砌与初期支护之间的空洞时，孔深设计不宜穿过防水层。

2 注浆填充初期支护与围岩之间的空洞时，孔深设计宜深入空洞不小于2/3处。

8.3.6 当围岩较稳定需进行较大空洞填充时，宜在衬砌上开口，开口面积不宜小于600mm×600mm，采用喷射混凝土、泵送混凝土进行填充。填充完成后，应采用模筑混凝土或喷射混凝土进行开口封闭，并采用植筋等方式与原衬砌稳固衔接。

条文说明

在衬砌上开口一般用于较大空洞，填充工作量较大，对开口尺寸提出要求是为满足施工操作的空间需要。

9 换拱加固设计

9.1 一般规定

9.1.1 换拱加固适用于隧道衬砌开裂、错台、变形、劣化严重，对原衬砌进行加固仍不能满足使用要求的状况。

9.1.2 换拱加固可分为整体换拱和局部衬砌更换，应结合衬砌病害类型、程度、范围选用。

9.1.3 应根据衬砌病害情况、地质条件、施工环境，确定衬砌换拱范围、结构形式、支护参数。

9.1.4 换拱加固应包括拆除方案，拆除方案设计应包括围岩加固及扩挖、施工临时防护、拆除方法及工艺、监控量测等内容。

条文说明

对原衬砌进行拆除是换拱加固的主要工序，且施工中控制不良时存在较大风险，要求采用对原衬砌及围岩扰动小的方法，同时要加强防护及监控量测。衬砌拆除一般采用凿除、切割、机械胀力、静态爆破等方法，能减小对隧道整体结构的破坏和周边围岩的扰动。凿除一般采用风镐、液压镐等机械或人工方法。施工的临时防护一般采用钢架临时支撑、局部锚杆补强、设置安全防护网等措施。

9.1.5 由外部环境因素引起的衬砌病害，进行换拱加固时应符合下列规定：

1 地形偏压、滑坡导致衬砌破坏时，宜结合减载、反压、支挡等措施进行处理。

2 地下水导致衬砌破坏时，宜采用疏通排水设施、注浆堵水、导洞排水等措施进行处理。

3 腐蚀导致结构劣化时，应根据腐蚀劣化程度、类型，采取衬砌背后压注防腐蚀浆液，增加防腐蚀防水层，采用防腐蚀混凝土等措施。

条文说明

1　采用减载、反压、支挡等方法处治偏压、滑坡时，其计算按现行《公路路基设计规范》（JTG D30）和《公路隧道设计规范　第一册　土建工程》（JTG 3370.1）中相关规定执行。

2　采用导洞排水、注浆堵水等措施，具体要符合现行《公路隧道设计规范　第一册土建工程》（JTG 3370.1）中的相关规定，并注意防止这些措施对隧道产生其他影响。

9.1.6　换拱加固设计应制订新旧衬砌结构结合及防排水系统的衔接方案。

条文说明

进行换拱加固时，新旧衬砌结构有效连接既是结构受力的需要，也是衬砌表面美观的需要；同时换拱加固往往更换了加固段落内的防排水设施，也需要与加固范围外的防排水设施进行有效衔接形成整体系统，方能达到防水有效、排水通畅的要求。

9.2　整体换拱加固设计

9.2.1　衬砌变形、开裂、劣化严重，已基本失去承载能力时，宜采取整体换拱加固。

9.2.2　原衬砌拆除前，应先采用洞内围岩注浆、地表注浆、锚杆（索）等措施进行围岩预加固。

条文说明

围岩预加固是保证换拱加固安全性及有效性的一项重要措施。一般情况采取洞内注浆加固，隧道埋深浅时常采用地表注浆加固，当隧道处于塑性地压地层时常采取锚杆（索）加固。

火灾、车辆冲撞等原因导致隧道局部段落需进行整体换拱加固，评估认为地质条件较好不需进行预加固时，不受此条限制。

9.2.3　换拱衬砌宜为复合式衬砌，二次衬砌宜采用钢筋混凝土结构。

9.2.4　换拱衬砌内轮廓宜与原内轮廓保持一致。原内轮廓断面形式不能满足受力要求时，应重新确定断面形式，完善新旧断面衔接设计。

9.2.5　换拱范围宜向需换拱段落外整体延伸3～5m。

9.2.6 换拱段落两端与原衬砌相接处应设置变形缝，中间段根据地质条件、荷载变化情况设置变形缝。

9.3 局部衬砌更换设计

9.3.1 衬砌拱圈局部位置开裂、劣化严重或厚度不足，可采用局部衬砌更换。

条文说明

本条规定了局部衬砌更换的适用范围，具体适用情况为：①衬砌局部劣化厚度或欠厚大于衬砌设计厚度1/2以上；②衬砌结构局部位置严重损伤，但其他部位衬砌结构基本完整，严重损伤面积小于10m^2；③衬砌结构中供配电、消防、照明、通信、监控等出现严重损伤的预留洞室处。

9.3.2 更换范围宜向需更换范围外扩大不小于300mm。拱部衬砌宜对称更换。

条文说明

本条要求拱部衬砌对称更换，是为防止拱部不对称更换造成结构受力不均衡，导致附近结构受损。

9.3.3 原衬砌为素混凝土结构时，应采取植筋等措施与原结构进行衔接。植筋应采用带肋钢筋，直径宜为16～25mm，间距不宜大于500mm。

9.3.4 原衬砌为钢筋混凝土结构时，新旧衬砌钢筋应连接可靠，并宜采取植筋等措施与原结构加强衔接。

9.3.5 新旧混凝土的结合处，原衬砌的表面应凿成凹凸差不小于6mm的粗糙面。

9.3.6 衬砌更换宜采用现浇补偿收缩混凝土。

条文说明

普通混凝土凝固过程中一般都会发生少量收缩，往往导致新增结构与原有结构不能完全黏结，故要求采用补偿收缩混凝土。

10 隧底加固设计

10.1 一般规定

10.1.1 隧底加固适用于隧底出现底鼓、不均匀沉降、翻浆冒泥、路面渗水等病害的处治。

10.1.2 应根据隧底工程地质及水文地质条件、结构现状、排水设施现状、病害等情况，结合施工条件、环境条件，确定隧底加固方案。

条文说明

隧底为隐蔽工程，其病害原因揭示需在定性判断的基础上，进行针对性检查、勘察。隧底出现底鼓通常是隧底围岩压力大，结构强度不足引起的；不均匀沉降通常是隧底结构强度或围岩承载力不一致导致的；隧道路面翻浆冒泥、渗水通常是隧址区地下水发育软化基底围岩，且隧底排水设施堵塞或不完善导致的。

10.1.3 隧道原结构无仰拱需加强隧底时，宜采用隧底注浆、增设锚杆（管）、隧底换填、增设仰拱等措施进行加固。

10.1.4 隧道原结构有仰拱需加强隧底时，宜采用仰拱补强或重做仰拱方案，并结合隧底注浆、增设桩基等措施进行加固。

条文说明

本条中重做仰拱包括原位重新施作及加深仰拱两种措施，通常通过计算适当加强仰拱。

10.1.5 增设仰拱、重做仰拱或隧底换填方案，应制订对原衬砌墙脚的加固、支撑方案。

条文说明

增设仰拱、重做仰拱或隧底换填等施工过程中会进行隧底开挖，导致衬砌墙脚位置出现临空面，可能引起拱墙结构整体下沉或边墙挤出等风险，故规定设计中采取相应措施防止危险发生，通常采用锚杆（管）锁脚、横向支撑等措施。

10.1.6 宜结合加固方案制订隧底排水方案。

条文说明

隧底加固往往会破坏隧底防排水系统，不进行修复或采取补救措施可能导致地下水富集，引起其他病害。

10.2 隧底结构加强设计

10.2.1 隧道无仰拱且底鼓严重、边墙显著变形时宜采取增设仰拱方案，增设仰拱设计应符合下列规定：

1 仰拱应采用钢筋混凝土结构，其深度和厚度应根据病害程度、受力情况、围岩条件计算确定。

2 增设仰拱宜与隧底换填、隧底注浆、锚杆（管）锁脚等加固措施配合使用。

10.2.2 仰拱结构强度、厚度不足，可采取增加仰拱厚度、嵌入钢架等补强方案。仰拱补强设计应符合下列规定：

1 增加仰拱的厚度不宜小于200mm，宜采用钢筋混凝土结构；新增仰拱应与原衬砌结构采用植筋或其他有效方式连接。

2 嵌入钢架间距宜为0.50～1.50m，钢架与原仰拱、衬砌采用植筋或其他有效方式连接。

3 仰拱补强宜与隧底注浆、锚杆加固等措施配合使用。

10.2.3 膨胀性围岩、高地应力等区段发生严重底鼓时宜采取加深仰拱方案，加深仰拱设计应符合下列规定：

1 应采用钢筋混凝土仰拱结构，仰拱曲率、厚度应根据病害程度、受力情况、围岩条件计算确定。

2 加深仰拱宜与隧底注浆、锚杆（管）锁脚及衬砌加固等措施配合使用。

条文说明

公路隧道仰拱结构较上部结构而言一般较为扁平，在建设阶段能减小隧底开挖和降低工程造价，通常情况下满足隧底结构强度要求。而在膨胀性围岩、高地应力等地质条件下可能产生结构病害，加固时通过加深仰拱增大仰拱结构曲率，改善其受力状态，从而达到有效处治病害的目的。

10.3 隧底地基加固设计

10.3.1 隧底锚杆长度宜为4～6m，间距宜为0.8～1.5m。

10.3.2 基底软弱、承载力不足时，宜采用隧底注浆加固。隧底注浆应符合下列规定：

1 应根据病害情况、地质、施工条件合理确定注浆范围、孔距、孔深。

2 注浆孔宜采用梅花形布置，间距宜为1.0～2.0m，孔底应至仰拱或底板以下不小于3m处。注浆管宜采用钢管，管径宜为42～110mm。

3 隧底注浆宜采用水泥基浆液，特殊地质条件也可采用化学浆液。

4 加固注浆可分为压密注浆、渗透注浆、劈裂注浆等。渗透性较好的砂层和渗透性差的黏性土层宜采用劈裂注浆，中砂以上的砂性土和有裂隙的岩石宜采用渗透注浆，中砂地基和有适宜排水条件的黏土地基宜采用压密注浆。

5 注浆压力应根据隧底地层特性及注浆工艺确定。

条文说明

3 隧底注浆浆液一般按下列原则选用：

(1) 为提高土体强度和变形模量，注浆材料常选用水泥基浆液，必要时采用高强度化学浆液。

(2) 裂隙岩层、砂砾层中注浆常采用水泥（砂）浆或掺入少量膨润土，溶洞中注浆常采用黏土水泥浆，砂层中注浆常采用化学浆液，黄土中注浆常采用单液硅化法或碱液法。

4 压密注浆遇排水困难可能在土体中引起高孔隙水压力时，需采用低速率注浆。压密注浆也可用于非饱和土体调整不均匀沉降，或在开挖时对邻近土体进行加固。

10.3.3 基底围岩软化、基底虚渣、仰拱回填料不满足要求引起的病害，宜采用隧底换填方案进行加固。隧底换填设计应符合下列规定：

1 换填厚度按现行《建筑地基处理技术规范》（JGJ 79）中换填垫层法的规定进行计算。

2 换填材料可采用素混凝土、片石混凝土、砂砾等，混凝土强度等级不应低于C15。

3 换填深度不宜超过2m。当底部松散体厚度超过2m时，应与其他加固方案进行比选。

条文说明

2 本款中提到的砂砾材料，一般用于隧底疏排水的透水层、盲沟等。

3　隧底换填开挖使墙脚位置临空，对上部拱墙结构安全影响大，换填深度过大存在安全风险，据此规定了换填最大深度。

10.3.4　隧底承载力不足引起的隧道病害宜采取隧底桩基加固方案，包括树根桩、钢管桩、灰土桩、高压旋喷桩等，并应符合下列规定：

1　隧底桩基设计宜进行桩长范围内的复合土层及下卧层地基变形计算。

2　桩基不得侵入边沟断面内，并应进行桩头封闭处理。桩基对原仰拱结构有影响时，应采取结构补强措施。

条文说明

增设桩基施工比较复杂，技术要求相对较高。其原因是一方面受隧道内空间限制，需要适合在隧道内施工的设备；另一方面要考虑施工振动对隧道结构的影响。

10.3.5　树根桩法加固隧底应符合下列规定：

1　适用于黏性土、粉土、砂土及人工填土等地层的隧底加固。

2　树根桩直径宜为150～400mm，桩长不宜小于3m；桩的布置可采用直桩型或网状结构斜桩。

3　单桩竖向承载力宜通过单桩载荷试验确定；当无试验资料时，也可按现行《建筑地基基础设计规范》（GB 50007）有关规定估算。

4　树根桩桩体材料宜采用细石混凝土或碎石填料注浆。碎石填料注浆时，宜采用水灰比不大于0.55的普通硅酸盐水泥浆。

5　桩身混凝土强度等级不应低于C20。

6　桩体宜全长配筋，对仅承受竖向荷载的桩，其配筋不应小于2/3桩长。

7　钢筋笼外径宜小于设计桩径40～60mm，主筋宜采用直径12～18mm钢筋，且不少于3根。

8　树根桩桩顶应与隧道边墙脚、仰拱有效连接。

条文说明

1　对于黏性土、粉土、砂土及人工填土等地层，树根桩加固通过压力灌浆使桩的外表面粗糙，使桩和土之间的附着力增加，从而使树根桩与地基土紧密结合，使桩和基础联结成一体。

树根桩具有以下优点：①施工场地小，平面尺寸满足1.0m×1.5m，净空高度满足2.5m即可；②施工噪声和振动较小；③加固施工时，对基础扰动小；④施工方便。

10.3.6　钢管桩法加固隧底应符合下列规定：

1　适用于软岩、淤泥质土、黏性土、粉土、砂土和人工填土等地层隧底加固。

2　加固范围、桩径、桩长应结合病害情况、隧底围岩和施工等条件确定。

3　钢管桩宜采用梅花形、矩形布置。

4　钢管桩宜采用无缝钢管，分段长度宜为 3 ~ 6m，直径宜为 50 ~ 150mm，壁厚不应小于 4mm。

5　桩内宜压注水泥浆、水泥砂浆，也可采用不低于 C20 的混凝土灌注。

6　钢管连接应采用套管焊接的等强度连接方式。

7　腐蚀性环境下，钢管桩应采取防腐处理。

条文说明

2　钢管桩设计不仅需符合本规范中的规定，还需符合现行《公路桥涵地基与基础设计规范》（JTG D63）和《建筑桩基技术规范》（JGJ 94）的相关规定。

4　钢管直径与壁厚对应关系见表 10-1。

表 10-1　钢管桩的一般采用标准

直径 D（mm）	壁厚 b（mm）	直径 D（mm）	壁厚 b（mm）	直径 D（mm）	壁厚 b（mm）
$50 \le D < 60$	$4 \le b \le 8$	$90 \le D < 100$	$10 \le b \le 15$	$130 \le D < 140$	$10 \le b \le 15$
$60 \le D < 70$	$6 \le b \le 10$	$100 \le D < 110$	$10 \le b \le 15$	$140 \le D \le 150$	$10 \le b \le 15$
$70 \le D < 80$	$8 \le b \le 12$	$110 \le D < 120$	$10 \le b \le 15$		
$80 \le D < 90$	$8 \le b \le 12$	$120 \le D < 130$	$10 \le b \le 15$		

5　充填水泥浆时，水泥浆的组成情况一般通过现场试验确定。

6　钢管桩钢管接头通常采用套管焊接连接，无论哪种接头方式都需避免在接头处形成强度薄弱区。

7　钢管桩的防腐处理相关要求：①钢管桩的腐蚀速率无实测资料时，按表 10-2 确定；②钢管桩防腐处理通常采用外表面涂防腐层、增加腐蚀余量及阴极保护；当钢管桩内壁同外界隔绝时，不考虑内壁防腐。

表 10-2　钢管桩年腐蚀速率

钢管桩所处环境	单面腐蚀率（mm/年）
水位以上	0.05
水位以下	0.03
水位波动区	0.1 ~ 0.3

10.3.7　灰土桩法加固隧底应符合下列规定：

1　适用于地下水位以上的粉土、杂填土、湿陷性黄土等地层隧底加固。

2　加固范围、桩径、桩长应结合病害情况、隧底土质和施工等条件，并按现行《建筑地基处理技术规范》（JGJ 79）的相关规定进行计算。

3　桩径宜为 300 ~ 600mm，桩距宜为 2 ~ 3 倍桩径，宜按等边三角形布置。

4　灰土桩中消石灰与土的体积比宜为 2:8 或 3:7。应采用粒径不大于 5mm、CaO +

MgO 含量不低于60%的新鲜消石灰。

5 土料宜选用粉质黏土，土料中有机物含量不应大于5%，且不得含冻土、膨胀土。

6 桩孔内填料应分层回填夯实，填料的平均压实系数不应小于0.97，各层压实系数最小值不应小于0.93。

7 灰土桩顶部宜铺设300～600mm厚的垫层，垫层材料可采用体积比（石灰∶土、水泥∶土）为2∶8或3∶7的灰土、水泥土等。

条文说明

1 灰土桩复合地基广泛应用于黄土地区。当地基土的含水率大于24%、饱和度大于65%、土中碎（卵）石含量超过15%或存在厚度40cm以上的砂土或碎石土夹层时，通常不采用灰土桩法进行处治。

2 进行加固范围、桩径、桩长计算时，灰土桩复合地基的承载力特征值，一般通过现场单桩或多桩复合地基载荷试验确定。初步设计无试验资料时按当地经验确定，但通常不大于处理前的2倍，并不大于250kPa。

由于灰土桩自身强度有限，且具有可压缩性，桩体应力传递有一个界限，即为有效桩长或临界桩长，经测试有效桩长约为6～10倍桩径。因此在桩底下卧层变形可以得到有效控制的情况下，桩长不必过长。

7 设置垫层一方面可使桩顶和桩间土找平，另一方面保证应力扩散，调整桩土的应力比，对减小桩身应力集中也有良好作用。

10.3.8 高压旋喷桩法加固隧底应符合下列规定：

1 适用于黏性土、粉土、砂土、黄土、人工填土、碎石土及淤泥、淤泥质土等地层隧底加固。

2 加固范围应结合病害情况确定，形成的桩体强度和桩径宜通过现场试验确定，无现场试验资料时可参照相似土质条件的工程经验。

3 结合土质条件、桩体强度和桩径等因素计算确定桩长、桩间距、注浆量，桩间距宜为平均桩径的2～3倍。

4 单管法、二重管法的高压水泥浆和三重管法的高压水压力应大于20MPa。

5 注浆材料为水泥浆，水灰比宜为0.8～1.2，有特殊要求时，可添加相应的外加剂或掺合料。

6 宜在桩顶和隧道结构基础之间设置200～300mm厚垫层。垫层材料可采用中砂、粗砂和级配碎石，最大粒径不宜大于20mm。

条文说明

1 高压旋喷桩法具有固结体强度高、施工灵活（能竖向、斜向、水平喷射浆液）、设备体积小、振动和噪声低等优点。当土体中含有较多的大粒径块石、大量植物根茎或过多的有机质时，根据现场试验结果确定高压旋喷桩法适用程度；对地下水流速过大或已涌水工程，通常不适用。

2 结合工程经验，单管旋喷注浆体的加固直径一般为0.4～1.4m，三重管旋喷注浆体的加固直径一般为0.9～2.5m，二重管旋喷注浆体的加固直径介于二者之间。

3 注浆量计算可采取体积法和喷量法，分别按式（10－1）和式（10－2）计算，并取其中较大值作为设计喷射量。

体积法：

$$Q=\frac{\pi}{4}D_e^2K_1h_1(1+\beta)+\frac{\pi}{4}D_o^2K_2h_2 \tag{10-1}$$

式中：Q——需要用的浆量（m^3）；

D_e——旋喷体直径（m）；

D_o——注浆管直径（m）；

K_1——充填率，一般取0.75～0.90；

h_1——旋喷长度（m）；

K_2——未旋喷范围土的充填率，一般取0.50～0.75；

h_2——未旋喷长度（m）；

β——损失系数，一般取0.1～0.2。

喷量法：

以单位时间喷射的浆量及喷射持续时间，计算出浆量。

$$Q=\frac{H}{v}q(1+\beta) \tag{10-2}$$

式中：Q——浆量（m^3）；

v——提升速度（m/min）；

H——喷射长度（m）；

q——单位时间喷浆量（m^3/min）；

β——损失系数，一般取0.1～0.2。

根据计算所需的喷浆量和设计水灰比，即可确定水泥的使用数量。

10.3.9 地下空洞造成隧底病害时，应采用混凝土、浆液等材料对空洞进行充填。

10.4 路面渗水处治设计

10.4.1 隧道排水沟堵塞时，应采用高压水冲洗、机械清理等方式进行疏通。

10.4.2 隧底排水系统不完善时，宜采取铺设横向盲沟、盲管，加深洞内排水沟等措施进行处治，对于翻浆冒泥病害还应结合换填、注浆等措施综合处治。

10.4.3 隧底设置盲沟或盲管时，盲沟宽度不应小于150mm、深度不应小于100mm，盲管直径不应小于50mm。

条文说明

盲管、盲沟处于回填料中，施工中容易局部堵塞，若截面积过小可能失去排水作用，故进行规定。

11　洞口工程加固设计

11.1　一般规定

11.1.1　本章适用于洞门结构、洞口边仰坡、洞口安全影响区出现病害时的加固。

条文说明

本条规定了洞口工程加固的范围。洞门结构一般包括洞门墙、洞口翼墙、明洞、棚洞等；洞口边仰坡通常指隧道开挖洞口时形成的洞口两侧边坡和洞顶仰坡；洞口安全影响区概念见本规范第2章术语部分。

11.1.2　应根据洞口病害特征、地形、地质及环境等因素，遵循运营安全、环境协调、实用美观的原则，确定洞口加固方案。

条文说明

隧道洞口段是行车安全的重要位置，存在光过渡、横断面过渡等情况，加固后需保持洞口的整体和谐、美观，恢复洞口生态绿化，有益行车安全。洞门装饰不采用反光炫目的装饰材料，洞口工程加固后不影响洞口行车视距等。

11.1.3　新增洞口明洞、棚洞等工程时，新增工程与原结构应合理衔接，并应完善洞口工程防排水系统。

11.2　洞门结构加固设计

11.2.1　洞门结构加固应根据病害特征、洞门形式确定加固方法，可按表11.2.1选用。

表11.2.1　洞门结构加固方法一览表

病害特征	加固方法	备注
洞门墙墙体局部有裂缝，无明显发展，整体稳定； 装饰板材局部劣化、剥落，可能会危及行车（人）安全	裂缝修补、装饰修复	

续表 11.2.1

病害特征	加固方法	备注
洞门墙墙体有竖、横、斜向裂缝，并有发展迹象； 墙体局部有轻微沉陷或倾斜； 墙面装饰板材大面积劣化、剥落，已危及行车（人）安全	基底加固、肋柱式扶墙、裂缝修补、装饰修复	
墙体局部倾斜，整体稳定较差； 墙体有错台开裂现象，大量纵斜向裂缝； 局部可能有倾覆危险，已严重危及行车（人）安全	洞顶清方减载、洞门墙背注浆、基底加固、洞门正面锚固、设置抗滑桩、增大洞门墙截面、接长明洞、棚洞、裂缝修补、墙体局部更换	
墙体严重倾斜，结构严重破坏，整体有倾覆危险； 墙体大面积开裂错台，已严重危及行车（人）安全； 洞口被掩埋、洞门墙倒塌、洞口整体破坏损毁，已无法通行	洞顶清方减载、洞口段地表注浆加固、接长明洞、棚洞拆除、重建洞门	多发生在强烈地震后

条文说明

洞口端墙、翼墙等发生倾斜、鼓出、移位、开裂等病害时，通常主要原因有地基承载力不足、墙体背后土压力过大、仰坡有坍塌趋势、地下水排泄不畅、地震等，根据不同的原因制订合理可行的处治方案。

11.2.2 当洞门墙体有裂缝、渗漏水等轻微病害时，宜采取裂缝处治、墙体下部增设泄水孔、集中漏水点埋管引排、墙背注浆等措施处治。

条文说明

洞门墙内设泄水孔能及时有效地减少洞门墙墙背水压力，泄水孔通常布置在墙身下部离路面100～300mm高处，孔径一般取100mm。当泄水孔设置较高时，通常在洞门墙上开槽埋管向下引排，并进行墙面的美观处理。

11.2.3 当墙体大面积开裂、错台、剥落时，应对墙体采取增大截面加固或拆除重建措施。增大截面加固时，墙体新增部分应采用现浇混凝土结构，混凝土强度等级不应低于C25，新旧结构间应植筋连接。

条文说明

增大截面加固时，通常先凿除原洞门墙上的装饰材料、砂浆和表面劣化层后，再浇筑新增的洞门墙，新旧结构间需植筋连接。

11.2.4 因冻胀引起洞门墙结构破损时，应采取防冻胀及防排水措施，并对破损处进行修复；重新施作的洞门墙宜采用钢筋混凝土结构，其基础应置于冻结线以下。

条文说明

本条中的防水措施主要是指洞口地表封闭处理，避免地表水下渗。同时高寒地区隧道洞门结构通常不采用浆砌片石，避免在墙体结构缝隙内存在水体，导致冻胀破坏。

11.2.5 因地基承载力不足导致洞门墙沉降、倾斜、开裂时，应对基底采取加固措施，宜采用注浆、扩大基础、树根桩、钢管桩等加固措施。

11.3 洞口边仰坡加固设计

11.3.1 洞口边仰坡加固适用于坡面破损、局部垮塌和坡体失稳等病害的处治。

11.3.2 应根据坡体破坏原因、破坏程度、地质、地形及环境条件选择加固方法，可采用清方、坡面防护、挡土墙、坡体锚固、抗滑桩、接长明洞等措施。

条文说明

洞口边仰坡存在坍滑等较大灾害时，通常采取的措施为：清方减载、设置支挡和回填反压、坡体注浆、锚索、抗滑桩及桩板墙等。其中支挡加固的主要措施按现行《公路路基设计规范》（JTG D30）进行设计。结合隧道工程特点，设计时需注意以下问题：

（1）挡土墙

洞口边坡挡土墙的类型根据工程地质、水文地质、荷载情况及环境条件结合洞门形式和洞口景观等综合确定，翼墙式洞门的翼墙布置通常和边坡挡土墙一起综合考虑。按表 11-1 的规定选用。

表 11-1 隧道洞口边坡挡土墙适用条件

挡土墙类型	适用条件	备注
重力式挡土墙	一般适用于洞口土质边坡，墙高不宜超过 12m	不常用
仰斜式挡土墙	（1）适用于洞口土质或严重风化的岩质边坡，墙高不宜大于 10m； （2）洞口为顺层边坡且破坏不严重时可采用	常用
锚杆挡土墙	适用于洞口较高的岩质边坡，每级墙高不宜大于 8m，上下级墙体间应设置宽度不小于 2m 的平台	不常用
桩板式挡土墙	（1）当洞口地形偏压且覆盖层厚度一般大于 5m，开挖后有滑动可能时宜采用桩板墙； （2）适用于洞口顺层边坡且破坏较严重时	常用

（2）抗滑桩

①隧道洞口抗滑桩的布置需考虑滑动方向、滑面位置、隧道轴线走向、隧道衬砌结构等因素，抗滑桩一般在隧道两侧布置，不侵入隧道结构范围以内。

②抗滑桩对洞口的景观影响较大，通常采用埋入式抗滑桩，或采用栽种灌木和攀爬植物对外露的桩体进行遮掩绿化。

③在隧道洞口两侧设置抗滑桩时，桩与隧道结构间的净距通常大于2m。

11.3.3 坡面防护可选择植物、骨架植物、圬工等防护形式，宜选用生态防护，局部受损坡面修复和加固后宜与周边环境相协调。

条文说明

坡面防护需注意以下问题：

（1）多边形水泥混凝土空心块植物防护不适用于地震多发区的隧道洞口边仰坡防护。

（2）当采用浆砌片块石等圬工防护边仰坡时，通常在坡脚或台阶上栽种爬墙虎等藤蔓垂吊植物进行绿化。

11.3.4 地震多发区的隧道洞口宜采取接长明洞、棚洞等措施，不宜设置重力式支挡结构物，洞口新建洞门墙宜采用轻型钢筋混凝土结构。

条文说明

地震多发区洞口边仰坡较高时，采取加长明洞、棚洞的方式，进行回填、顺坡，能有效降低边仰坡高度。大体积、过于笨重的支挡结构，地震发生时容易破坏结构，对洞口景观也有影响。

11.3.5 隧道洞口接长明洞或棚洞时，长度不宜小于5m。

条文说明

明洞太短时达不到处治效果，同时也不利于洞口的纵向稳定，本条规定了洞口接长的最小长度。

11.4 洞口安全影响区加固设计

11.4.1 洞口安全影响区加固包括落石、滚石、崩塌、滑坡、泥石流、雪崩、风吹雪、水害等危及洞口安全的病害处治，相应的处治加固方法可按表11.4.1选用。

表 11.4.1　洞口安全影响区处治加固方法

危及洞口安全的因素	处治加固方法
落石、滚石	清除危石（危石加固） 主动防护网、被动防护网、拦石墙、隔离沟、接长明洞、棚洞
崩塌	清除崩塌体 主动防护网、被动防护网、拦石墙、隔离沟、预应力锚索 接长明洞、棚洞
滑坡	清方减载、反压护坡、抗滑桩、预应力锚索
泥石流	泥石流渡槽、导流槽、挡墙、接长明洞、棚洞
雪崩、风吹雪	洞口防雪棚、防护墙、接长明洞、棚洞
水害	拦水墙、修复洞口排水系统、改沟、防护

11.4.2　主动防护网防护应符合下列规定：

1　主动防护网设置范围应扩大到影响区域外 2m。

2　主动防护网防护结构应包括钢丝绳网、锚杆、支撑绳、缝合绳等。

3　钢丝绳网、支撑绳设计应符合现行《公路边坡柔性防护系统构件》（JT/T 528）中的有关规定。

4　锚杆的直径不应小于 16mm，长度不应小于 2m，尾部设置环套。

5　缝合绳宜采用直径不小于 8mm 的钢丝绳。

6　钢丝绳镀锌量应符合现行《制绳用圆钢丝》（YB/T 5343）中对镀锌钢丝的要求。

条文说明

主动防护网防护是以高强抗腐蚀钢丝绳网为主的各类柔性网，覆盖包裹在需防护斜坡或岩壁上，限制坡体加固面岩石土体的掉块或崩塌，或将落石控制在一定范围内运动的一种坡面防护系统。

11.4.3　被动防护网防护应符合下列规定：

1　应结合所拦截物的特性、运动轨迹、冲击力等合理确定防护网的设置参数、范围。

2　被动防护网防护结构应包括钢丝绳网（钢丝网）、立柱（锚杆）、支撑绳、缝合绳、减压器（环）、基座及连接件等。

3　钢柱应采用不小于 I16 工字钢或力学性能相当的 H 型钢，设置高度不应小于 2m；基座应为钢结构，并应与基础连接牢固。

4　减压器（环）应采用热轧钢板，其启动荷载应为与其相连的钢丝绳断裂拉力的 10% ~70%，其临界变形荷载不应小于 50kN，应根据钢丝绳直径和设计能量采用不同型号的减压器（环）。

5 钢柱、减压器（环）、基座及连接件、扣压件的镀锌层厚度不应小于8μm。

6 钢丝绳网、支撑钢丝绳、锚杆、缝合绳等应按本规范第11.4.2条相关要求执行。

条文说明

被动防护网防护是采用锚杆、钢柱、支撑绳和缝合绳等措施将钢丝绳网固定在坡面上形成栅栏形式的拦石网，从而实现拦截落石的一种边坡柔性防护系统。

11.4.4 修复、增设洞口截排水沟应符合下列规定：

1 根据洞口地形、汇水面积及流量等因素校核洞外原截排水沟的排水能力，不足时应增设或扩大截排水沟。

2 原截排水沟破损时应进行修复。延长或局部重做截排水沟时，应做好接缝处的防渗处理。

3 截水沟基础应置于稳定地层上；当不满足承载力要求时，应进行地基处理。

4 洞口截、排水沟出水口应引入自然冲沟或路基边沟，不得冲刷隧道基础、路基坡面及桥涵锥坡等设施。

条文说明

隧道洞口截排水沟设置需因地制宜，选择合理的断面形式和尺寸，尽量减少开挖痕迹，影响洞口的整体美观；对于常年过水的截水沟，其底部通常需铺设防渗土工膜。

11.4.5 当隧道洞口存在风吹雪现象，影响行车安全时，宜采用防雪棚、防雪板等措施，并符合下列规定：

1 防雪棚应根据洞口地形、风向、积雪厚度确定合理的设置长度。

2 防雪棚结构应考虑承受雪荷载的作用，可采用钢筋混凝土结构、钢结构。

3 防雪棚上部宜采用半圆形或斜坡状。

条文说明

在暴风雪天气，隧道洞口的能见度降低，严重影响驾驶员的行车视线；洞口积雪在风的作用下，形成风吹雪现象，大大制约了驾驶员的正常行车；在隧道路面积雪达到一定厚度并压实后，可能冻结成冰块，严重影响行车安全。在这种情况下，采用防雪棚、防雪板等措施，既可保证隧道不受积雪的危害，也可对隧道内部的保温起到一定的作用。

防雪棚顶部形状通常考虑有利于雪的排放：洞口地形相对开阔时，采用半圆形；洞口一侧紧邻山体时采用斜坡状，将雪排入沟谷。

12 渗漏水处治设计

12.1 一般规定

12.1.1 本章适用于隧道衬砌渗漏水病害处治设计。

12.1.2 应根据水文地质条件、渗漏水程度等，遵循堵排结合、综合治理的原则确定渗漏水处治方案。

12.1.3 当渗漏水严重且排水对环境影响较大时，宜先进行围岩注浆堵水，再进行结构渗漏水处治。

条文说明

当隧道渗漏水严重，且隧道内排水对当地居民生活、生产有显著影响，或隧道邻近水库影响蓄水等情况时，需先采取堵水措施，避免地下水过度排放。

围岩注浆、衬砌背后空洞注浆在本规范第8章已纳入相关内容，本章不再赘述。

12.1.4 渗漏水处治应结合其状态、特征选用一种或多种方法综合处治，可按表12.1.4选用。

表 12.1.4 渗漏水处治方法

方法	漏水状态			
	浸渗	滴漏	涌流	喷射
止水法	有条件适用	有条件适用	—	—
导水法	适用	适用	适用	适用
喷射法	适用	适用	—	—
涂层法	有条件适用	有条件适用	—	—
围岩注浆、衬砌背后空洞注浆	—	适用	适用	适用
降低水位法	—	适用	适用	适用

条文说明

渗漏水状态按表 12-1 进行判断。

表 12-1 渗漏水状态

术语	定义	渗流量（L/d）
浸渗	衬砌表面呈现明显色泽变化的潮湿痕迹及可观察到明显的流挂水膜范围	<3
滴漏	衬砌表面出现水珠，其滴落速度每分钟至少一滴	3≤渗流量<30
涌流	衬砌表面渗漏成线状	30≤渗流量<100
喷射	衬砌表面渗漏成喷射状	≥100

12.1.5 大面积渗漏水宜采用综合处治的方法。渗漏水状态为浸渗、滴漏时，宜采用导水法处治；渗漏水状态为涌流、喷射时，宜在降低水位后，采用导水法处治。当衬砌背后存在较大空洞时，宜采用衬砌背后空洞注浆进行处治；变形缝、施工缝处渗漏水处治应根据渗漏水情况采用导水法、沟槽注浆止水法等处治。

条文说明

大面积渗漏水处治一般先采用降低水位法或导水法进行引水泄压，再在渗漏水基面上涂抹速凝防水材料，必要时采用背后注浆堵水等措施。

12.1.6 采用导水法、止水法等进行渗漏水处治后，衬砌表面宜进行喷射法或涂层法处理，喷、涂层范围宜向开槽两侧延伸不小于 50mm。

12.2 止水法设计

12.2.1 止水法可分为沟槽充填止水和沟槽注浆止水两种形式。

条文说明

沟槽充填止水和沟槽注浆止水两种方法的相同点是都要在渗漏水处开槽填充止水材料，不同点在于沟槽注浆止水增加了对渗漏水裂缝注浆止水这一要求。

12.2.2 宜采用倒梯形槽，开槽尺寸不宜小于 50mm×50mm（宽×深）。

条文说明

本规范中“倒梯形槽”是指成槽后衬砌表面槽口宽度较衬砌内槽底宽度略小，填充堵漏材料后不易脱落。开槽尺寸中宽度是槽口宽度要求，槽底宽度适当加宽。

12.2.3 沟槽注浆止水设计应满足下列要求：

1 注浆钻孔应位于沟槽底面，深度不宜超过衬砌厚度的2/3。

2 钻孔间距宜为300～400mm，孔径20～25mm。

3 宜采用水溶性聚氨酯浆液、丙烯酸盐浆液、超细水泥浆等注浆材料。

4 注浆压力宜为0.1～0.3MPa。

12.2.4 应选用与基面黏结强度高、抗渗性好和具有耐环境因素作用的止水材料对沟槽进行充填。

12.3 导水法设计

12.3.1 导水管的位置、间距、管径应根据渗漏水位置、渗漏水量、净空富余量等情况确定，导水管材料应具有耐久性和一定的强度。

12.3.2 导水管断面应具有一定富余量，管径不宜小于50mm。

条文说明

工程实践中，导水管管径较小时容易被地下水中析出物或沉淀物堵塞，故要求导水管断面设计时考虑富余量。

12.3.3 开槽埋管导水时宜采用倒梯形槽，开槽尺寸不宜小于100mm×100mm（宽×深），槽内应选用与基面黏结强度高、抗渗性好和具有耐环境因素作用的堵漏材料填充。

条文说明

采用开槽埋管导水时，如图12-1所示，在衬砌上切倒梯形槽，埋设半圆管，其四周用堵漏材料充填，充填结束后再刷上防水层。

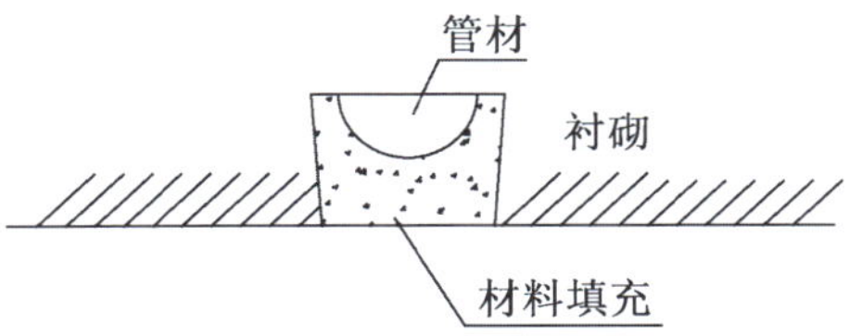

图12-1 开槽埋管导水

12.3.4 导水管外置时，应避开机电附属设施，不得侵入建筑限界，并应对导水管外表面进行防护。

条文说明

直接将排水管设置在衬砌表面的导水法如图 12-2 所示，该方法适用于渗漏水量较大时，但通常不在寒冷地区采用。

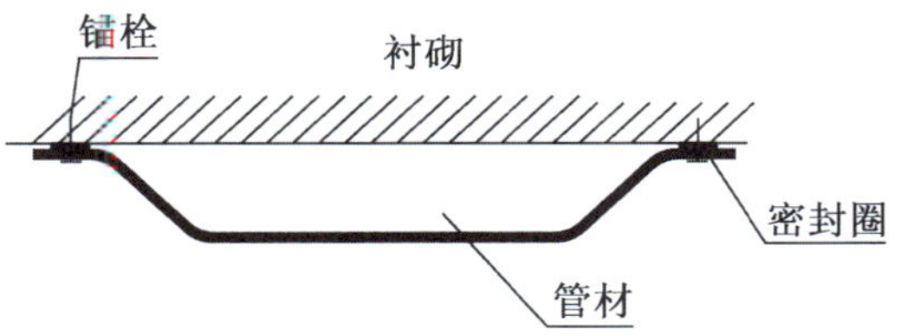

图 12-2　导水管外置

12.3.5　宜结合渗漏水位置沿导水管底部设置引水孔将水汇入管内。

条文说明

渗漏水发生位置一般不规则，建议导水管配合引水孔使用，即在导管范围内设置小直径引水孔，深入衬砌将水引入导水管内。

12.3.6　导水法宜与沟槽注浆止水法配合使用，对于锚喷衬砌宜采用与围岩注浆堵水相结合的处治方式。

12.4　喷射法、涂层法设计

12.4.1　应根据渗漏水位置、面积、水量等确定处治范围。

12.4.2　喷射、涂层材料宜选用与基面黏结强度高、抗渗性能好的防水砂浆、聚合物改性水泥砂浆及防水涂料等。

12.4.3　掺加外加剂、掺合料的水泥基防水涂料厚度宜为 1.5～2.0mm；水泥基渗透结晶型防水涂料厚度不应小于 0.8mm；有机防水涂料厚度宜为 1.2～2.0mm。

12.4.4　喷射法、涂层法宜配合导水法使用。

条文说明

喷射法和涂层法是面状封闭水路的方法，通常不单独采用，一般先进行导水，然后进行喷、涂施工。

12.5 降低水位法设计

12.5.1 根据地下水位、渗漏水量、含泥沙量、原排水沟的状况等，可选择采用泄水孔、加深水沟、泄水洞等降低水位的方法。

条文说明

泄水孔是利用钻孔排出地下水降低衬砌背后水位的方法。加深水沟是在地下水富集区，采取降低既有排水沟沟底高程或设置新的排水沟排水的方法。

12.5.2 泄水孔位置宜靠近边墙底部，钻孔内应设置排水管，并引至排水沟内。泄水孔深入围岩深度不宜小于2m。

12.5.3 当地下水发育，有长期补给水源，采用加深水沟、扩大排水沟断面均不能满足排水要求时，经技术论证后宜增设泄水洞。

条文说明

在地下水发育的岩溶、断层破碎带或地表水与地下水联系紧密等段落，地下水排泄量大，采用泄水洞处治隧道严重渗漏水具有较好的效果。

12.5.4 加深水沟或增设泄水洞时，应考虑对原衬砌结构的影响。

12.5.5 采用降低水位法时，应防止排水造成水土流失、危及地面建筑物及农田水利设施。

13　裂缝处治与表面缺陷修补设计

13.1　一般规定

13.1.1　本章适用于隧道衬砌裂缝处治与表面缺陷修补。

条文说明

本章的裂缝处治在概念上涵盖了裂缝修补前结合其产生原因进行的结构加固处治。

13.1.2　衬砌裂缝可分为静止裂缝、活动裂缝和尚在发展裂缝，应按裂缝的成因、类型、规模、位置合理确定处治方法、材料、顺序。

条文说明

根据现行《混凝土结构加固设计规范》（GB 50367）的相关要求，模筑混凝土裂缝按其形成分为三类：静止裂缝、活动裂缝、尚在发展裂缝。

静止裂缝：形态、尺寸和数量均已稳定不再发展的裂缝。

活动裂缝：裂缝规模在现有环境和工作条件下始终不能保持稳定，易随着结构构件的受力、变形持续发展。

尚在发展裂缝：长度、宽度或数量尚在发展，但经历一段时间后可能会静止的裂缝。

13.1.3　活动裂缝和尚在发展裂缝处治，宜在加固处治且裂缝停止发展后进行修补。

条文说明

静止裂缝一般根据结构的耐久性和使用功能要求，采取修补措施处理即可。而活动裂缝和尚在发展裂缝主要由结构荷载过大、厚度或强度不足、构造不当、排水不畅或施工质量欠佳等引起，一般根据裂缝成因进行计算分析，确定处治方案，本条推荐采取处治措施后再进行裂缝修补。采取衬砌加固方案进行处治时，对衬砌加固后裂缝会被遮蔽，因此也可先期修补裂缝，再实施其他加固措施。

13.1.4　裂缝处治与表面缺陷修补宜提出表面修饰方案。

13.2 裂缝处治设计

13.2.1 对活动裂缝和尚在发展裂缝，结合病害产生原因可采取围岩注浆、衬砌加固、隧底加固等措施进行处治。

13.2.2 裂缝修补宜采用表面封闭法或注射法，根据裂缝的成因、性质、宽度、深度等因素进行选择。

13.2.3 表面封闭法应符合下列规定：

1 适用于宽度不大于0.2mm的裂缝。

2 封闭材料宜采用低黏度、渗透性良好的裂缝封闭胶。

3 封闭宽度范围不应小于50mm。

条文说明

1 宽度不大于0.2mm的裂缝，一般由温度收缩或养护不良所导致，裂缝深度不大，补强要求不高，故采用表面封闭法即可。如果不是以上原因导致，且裂缝在发展，就要采取工程措施使其停止发展。

13.2.4 注射法应符合下列规定：

1 适用于宽度大于0.2mm的裂缝。

2 注射材料宜采用低黏度、可注性好的改性环氧树脂类、改性聚氨酯类胶液。

3 注射孔可采用骑缝或斜缝布置方式，孔间距宜为100～500mm；注射压力宜为0.1～0.3MPa。

4 裂缝宽度小于0.5mm时，宜采用环氧胶泥进行裂缝表面封闭，再进行注胶。

5 裂缝宽度不小于0.5mm时，应进行开槽填充后再进行注胶。开槽槽型宜为倒梯形，深度和宽度分别不应小于20mm和15mm，填充材料宜为聚合物改性水泥砂浆。

条文说明

3 向衬砌内部延伸方向基本与衬砌表面垂直的裂缝，采用骑缝注浆；延伸方向与衬砌表面有一定角度的裂缝，采用斜缝注浆，角度与裂缝延伸方向基本一致。

13.3 表面缺陷修补设计

13.3.1 应根据缺陷的部位、规模、深度等因素选择水泥砂浆、聚合物改性水泥砂浆等修补材料。

13.3.2 表面缺陷修补设计应符合下列规定：

1 衬砌出现小面积缺陷破损时，可采用水泥砂浆人工涂抹法进行修补。

2 衬砌出现大面积缺陷破损时，可采用水泥砂浆喷浆修补法。

3 外露的衬砌钢筋应进行防锈蚀处理。

4 在潮热、弱酸（盐）腐蚀地区宜采用聚合物改性水泥砂浆。

14 冻害处治设计

14.1 一般规定

14.1.1 本章适用于由气候寒冷引起的隧道衬砌壁面挂冰、路面结冰、衬砌局部剥落等病害处治。

14.1.2 应根据冻害特征，遵循防水、排水、保温相结合与综合治理的原则，结合隧址区气候、水文地质条件、施工条件等确定相应的处治措施。处治措施主要分为隔热防冻法、加热防冻法和保温排水法，上述方法可组合使用。

条文说明

隧道冻害处治的原则是以防水为基础、排水为核心、保温为关键，三者有机结合、综合治理。低温和水是隧道发生冻害的必要条件，因此，在寒冷地区将完善的隧道防排水系统和保温技术相结合，才能达到不渗、不漏、不冻胀之目的。

14.1.3 隔热防冻法可分为局部隔热防冻法和整体隔热防冻法两种。局部隔热防冻法可分为局部保温和局部保温导水两种措施；整体隔热防冻法可分为表面喷涂、表面铺设和中间铺设三种措施。

条文说明

局部保温是在局部易冻结的部位设置保温材料进行包裹的措施；局部保温导水是衬砌存在渗漏水且结冰，进行凿槽埋管排水后，在其上铺设局部保温层防止冻结的措施。

14.1.4 加热防冻法可分为电加热、供暖两种措施，应结合隧址区具体条件选择采用。

条文说明

供暖是利用地热或锅炉，对易冻结部位或排水沟进行加热的措施。

14.1.5 保温排水法可采取设置保温水沟、深埋中心水沟、防寒泄水洞等措施。

14.1.6 冻胀病害应分析评价冻胀力对隧道结构的影响，确定合理的处治措施。

14.1.7 多年冻土地区隧道冻害处治应进行专题研究，确定处治措施。

14.2 处治设计

14.2.1 隧道冻害处治方法、措施可按表 14.2.1 选用。

表 14.2.1 隧道冻害处治方法、措施

气候条件			冻害特征	处治方法、措施
寒冷程度	最冷月平均气温（℃）	冻结深度（m）		
轻微	-5～-10	0.6～1	轻微，不影响交通	中心排水沟、局部隔热防冻
较轻	-10～-15	1～1.5	衬砌冻裂，洞内渗水挂冰，路面结冰，冻害发生于 12 月至翌年 2 月	保温水沟、深埋中心排水沟、局部隔热防冻、加热防冻
较重	-15～-25	1.5～2.5	衬砌破裂较严重，含水围岩较大面积发生渗漏，较大范围挂冰，路面冻冰，冻结期大于 4～5 个月	保温水沟、深埋中心排水沟、整体隔热防冻、加热防冻
严重	< -25	>2.5	衬砌层破裂严重，大面积渗漏水，挂冰严重，路面结冰，排水系统被冰堵塞，冻结期大于 5 个月	防寒泄水洞、整体隔热防冻、加热防冻

14.2.2 当寒冷程度轻微或较轻，局部衬砌发生线状渗漏水结冰时，可采用局部保温导水进行处治。局部衬砌渗漏水结冰严重时，可采取局部保温导水与注浆止水相结合的方法进行处治。

条文说明

采用局部保温导水时，根据具体情况通常做如下选择：

（1）当隧道净空断面无富余时，隔热材料通常采用内嵌式，如图 14-1a）所示，在衬砌表面刻 U 形槽，然后在 U 形槽两侧各刻出一浅槽，深度为隔热层材料的厚度，然后将隔热材料嵌入槽中，用锚栓固定在二次衬砌表面。

（2）当隧道净空断面有富余、开槽深度不足时，隔热材料通常采用外贴式，如图 14-1b）所示，在衬砌表面刻 U 形槽后，铺设隔热材料，用锚栓固定在二次衬砌表面。

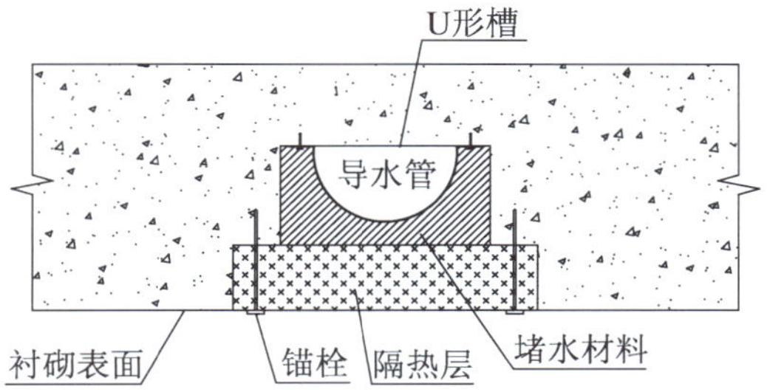

a)

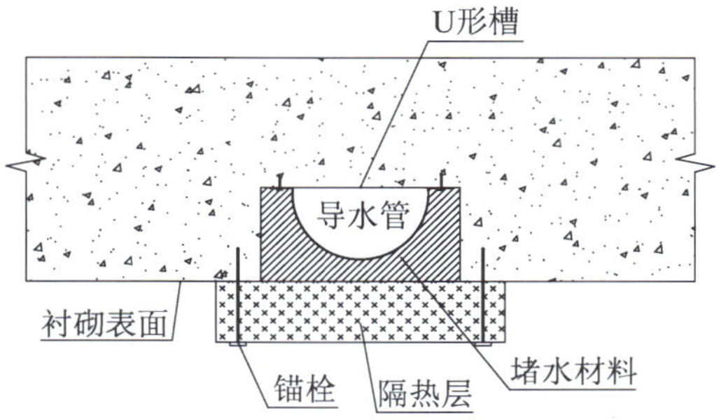

b)

图 14-1 局部保温导水法

14.2.3 对排水系统局部易冻结的部位应采取局部保温或加热防冻法进行处治。

14.2.4 整体隔热防冻法的隔热层铺设方式宜根据隧道净空断面的富余量及长度情况选择。

条文说明

整体隔热防冻法隔热层铺设方式的选择如下：

(1) 当隧道净空有一定富余量时，采用表面铺设法，表面铺设法便于保温层的维修、更换。

(2) 当隧道净空富余量较小、长度较短时，采用表面喷涂法。表面喷涂法施工时，对环境有污染，需加强通风，对施工人员身体健康不致有明显损害。表面喷涂法应用于短隧道比较经济。

(3) 当隧道净空富余量较大，采用套拱加固隧道结构时，中间铺设法和表面铺设法均能采用。中间铺设法对隧道的防火有利，但维修、更换困难。

14.2.5 在衬砌表面铺设整体隔热防冻层时，应考虑风荷载、自重及外界气候长期反复冻融作用等因素，将隔热防冻层固定牢靠，不得产生面层剥落、保护层脱落、开裂等破坏。

14.2.6 在衬砌中间铺设整体隔热防冻层时，隔热防冻层应具有一定的承载能力，并应做好防水处理。

14.2.7 因排水系统冻结造成隧道壁面挂冰或路面结冰时，可采用保温水沟进行处治，有条件时也可采用加热防冻法，必要时可采用深埋中心水沟或增设防寒泄水洞等措施。

条文说明

对于寒冷程度较轻的情况，最冷月平均气温在 −10 ~ −15℃，冻结深度 1 ~ 1.5m

时，一般采用保温水沟，即采用浅埋方式，在水沟内设置保温材料，以达到冬季水流不冻结的目的；对于寒冷程度较重的情况，最冷月平均气温在 -15 ~ -25℃，冻结深度 1.5 ~ 2.5m 时，一般采用深埋中心水沟，并将中心水沟设置于最大冻结线以下，利用地温达到水沟内水流不冻结；对于寒冷程度严重的情况，最冷月平均气温低于 -25℃，冻结深度大于 2.5m 时，一般采用防寒泄水洞。

深埋中心水沟实施存在困难，同时与原排水沟的衔接难度较大；防寒泄水洞实施工程量大，同时对隧道结构及运营安全可能有影响，故在选择保温排水法的措施时通常进行综合考虑。

14.2.8 排水系统出水口存在冻结情况时，应采用保温出水口，其纵坡不应小于5%。

条文说明

寒冷地区隧道的深埋中心水沟、防寒泄水洞均需设保温出水口。保温出水口通常选择在背风、朝阳、排水畅通的位置，表层用保温材料覆盖。保温出水口有端墙式和掩埋保温圆包头式两种，出水口地形较陡时，通常采用端墙式；地形平坦通常采用掩埋保温圆包头式。

14.3 隔热防冻层设计

14.3.1 隔热防冻层设计应包括保温材料的选择、隔热防冻层的厚度和长度设置等。

14.3.2 隔热防冻层厚度可按本规范附录C进行计算，其厚度不应小于50mm，并应考虑接缝处理措施。

14.3.3 隔热防冻层应根据隧道温度场实测数据，并结合数值计算确定其长度。

条文说明

在数值计算中，假定隧道壁面与空气进行对流换热，以隧道纵向方向温度场的实测数据为基础，将保温层的设计厚度问题转换为平面热力学问题进行计算，得到纵向方向保温层的不同设置厚度，从而确定隔热防冻层的设置长度。

隧道温度场现场测试的项目包括隧道洞内外气温、衬砌表面和内部温度、围岩内部温度、洞内外风速和风向等。测试仪表、探头包括：温度计、风向风速表、测温探头、测温仪表等。在隧道洞内每隔一定距离布置1个测试断面，每个测试断面分别在拱顶、拱腰、边墙和路面布置测点。在隧道洞外距洞口50m处测试洞外气温、风速和风向。

14.3.4 采用隔热防冻法时，应将隔热层、保护层和固定材料（胶黏剂、锚固件等）作为系统构造综合设计。隔热防冻系统应满足防冻、防潮、防火、牢固可靠的要求，并应具有物理化学稳定性。

条文说明

由于隧道通常只有洞口与外界相通，洞内环境潮湿，保温层受潮后，保温效果往往大幅度降低；另外，隧道对防火有一定要求，而保温层在燃烧或高温情况下，往往会产生有害气体（物质），对洞内人员造成危害。因此，在进行隧道冻害处治设计时，除了考虑保温层能满足防冻的基本要求外，往往还考虑防火、防潮等要求。此外，由于自重的作用，保温层设置到隧道衬砌表面可能会脱落，因此需要用固定材料将其牢固地固定在衬砌表面，还要充分考虑固定件的防锈和冷桥影响。

15 震害及火灾病害加固设计

15.1 一般规定

15.1.1 本章适用于震后隧道的应急、永久加固及火灾引起病害的加固。

条文说明

隧道震害表现的特征多样，也与地震波的传播方式有关。本章震害加固部分主要是对“5·12”汶川地震及我国其他几次地震后，震区隧道受损、加固情况的调查和总结。根据调查发现，断层破碎带段隧道结构震害最为严重，洞口结构次之，普通段隧道结构震害最轻。总结主要部位震害表现特征如下：

（1）洞口区震害的主要表现形式是边仰坡垮塌、滚石、山体崩塌掩埋洞口。

（2）洞门墙与明洞段震害主要表现为墙体开裂、断裂和被崩塌体破坏，洞门墙滑动或倾覆的情况较少。

（3）洞身震害根据发生部位不同主要分为衬砌震害与隧底震害。其中衬砌震害按破坏程度又分为洞室塌方、二次衬砌大面积垮塌、二次衬砌局部垮塌与掉块、二次衬砌错台、二次衬砌剥落与开裂、施工缝开裂等；隧底震害主要表现为隧底（路面）隆起、塌陷、错台、开裂和涌水等。

15.1.2 应急加固应以方便、快捷为原则，加固材料应就地、就近取材，同时应兼顾永久加固，减少拆除和返工。

条文说明

2008年以后我国发生了几次较大规模的破坏性地震，在调研、征求意见及审查过程中，部分养管单位、监管单位及专家提出地震发生后的应急加固非常关键，且时间紧迫更需进行规范性的指导，故本规范纳入了震后对隧道的应急加固内容。

应急加固具有时间紧、公路可能不通，大型机械、加固材料不易进场的特点，因此应急加固遵循方便、快捷的原则，加固材料通常就近取材，还需考虑与永久加固方案的协调性，使已实施措施在永久加固阶段能继续利用。

15.1.3 震害隧道应急加固后，应满足紧急临时通行需要；永久加固后，应满足正常通行条件下隧道安全性、耐久性及使用功能。

条文说明

震害隧道应急加固主要目的是抢通、保通，尽快提供一条生命救援通道，为后续救援创造条件，因此加固设防要求适当降低。永久加固后隧道结构满足正常使用，因此加固设防后要求满足现行《公路隧道养护技术规范》(JTG H12)、《公路工程抗震规范》(JTG B02)、《公路隧道设计规范　第一册　土建工程》(JTG 3370.1) 的相关规定。

15.2　震害加固设计

15.2.1　隧道震害分为洞口区震害、洞身震害，加固设计应符合下列规定：

1　洞口区震害加固应按本规范第11章相关内容进行处治。

2　洞身衬砌震害各阶段加固措施应符合表15.2.1的规定。

表15.2.1　洞身衬砌震害各阶段加固措施表

病害特征	应急加固		永久加固
	抢通阶段	保通阶段	
情况正常（无异常情况）			
衬砌有少量裂缝，且裂缝以环向为主，裂缝宽度小于1mm	观测	观测	裂缝修补
二次衬砌有少量纵、斜向离散裂缝，且裂缝宽度小于1mm或环向裂缝宽度大于1mm	观测	钢架支撑	裂缝修补、锚杆加固、粘贴钢板
二次衬砌为素混凝土时有少量纵、斜向裂缝，但裂缝延展长、宽度大、深入衬砌内部，甚至为贯通裂缝，为钢筋混凝土结构时二次衬砌裂缝较多，纵横交织呈网状	钢架支撑	钢架支撑、锚杆	围岩注浆、套拱
素混凝土二次衬砌裂缝纵横交织呈网状；衬砌混凝土剥落、掉块、局部垮塌；衬砌大面积垮塌；钢筋混凝土衬砌剥落、掉块、钢筋弯曲外露	钢架支撑、局部支顶	钢架支撑、锚杆、喷射混凝土、破损二次衬砌和初期支护局部恢复	围岩注浆、套拱、换拱

条文说明

2　本着区分轻重缓急的原则，不同阶段应急加固的范围、采用的技术措施也是不同的。抢通阶段的加固目标是实现震后较短时间内行车的安全，主要针对隧道结构破损严重，有垮塌风险段落。保通阶段的加固目标则是要实现震后抢险救援与重建期间的行车安全，因此在抢通加固的基础上进一步加固提高隧道的安全性。

15.2.2 应急加固设计应符合下列规定：

1 抢通阶段宜采用型钢钢架全断面环向支撑，间距宜为0.5～1.5m，相邻钢架应采用纵向筋连接，必要时局部配合钢管、圆木等支顶，通行期间应加强安全巡查。

2 保通阶段应在抢通加固的基础上采用加密钢架、喷射混凝土、增设锚杆、二次衬砌与初期支护局部恢复等加固措施。

3 隧道塌方段应结合塌方规模、处治难度等，对原址通过、侧洞绕避进行评估论证，并制订专项方案。

4 瓦斯隧道应急加固应采取瓦斯监测和加强通风等措施。

条文说明

1 震后隧道抢通阶段首要目标是“通”，进行限载限宽限速通行；特点是“快”，因此提出的加固措施往往是简单、快捷的方法，并能在较短的时间内完成。通常需先判断震害隧道是否适合抢通，如隧道出现较大塌方，则不适宜盲目抢通，当判断隧道塌方规模较小且基本稳定，才有条件抢通。

2 保通阶段通常需对隧道进行初步检查评估，提出的加固方案尽可能兼顾后期的恢复重建，对震害严重隧道加固往往采取以下处治技术：

(1) 衬砌开裂、错台严重，裂缝纵横交织呈网状，衬砌承载力下降，在保通阶段通常采用型钢钢架、锚杆加固等措施进行临时处治。

(2) 衬砌混凝土纵向连续剥落、掉块，衬砌钢筋弯曲外露等情况，在保通阶段通常采用型钢钢架与喷混凝土联合支护、锚杆加固等措施进行临时处治。

(3) 衬砌混凝土局部坍塌或大面积坍塌，在保通阶段利用围岩暂处于基本稳定状态，边清渣边处理，迅速沿坍塌面采用喷锚支护技术加固未塌的地层，沿二次衬砌外轮廓施作钢架混凝土支护壳体，同时用钢架将内、外层初期支护连成整体。

3 对于隧道内塌方规模较大，地质条件较差，在后续清方过程中出现塌方范围进一步扩大的风险时，可在管棚及超前注浆加固的基础上，原址开挖重新修建隧道。若原址重新修建风险大，同时塌方附近段落能修建侧洞避过塌方段与未塌方段相接时，进行评估论证后，选用施工风险较小、时间较短的方案。

4 地震可能导致衬砌开裂，甚至破坏，瓦斯隧道洞内瓦斯含量也一般较大，为保证作业人员安全规定此款。

15.2.3 永久加固设计应符合下列规定：

1 对二次衬砌错台、侵入隧道建筑限界，宜进行局部或整体换拱。

2 对通过活动性断层震后重建的衬砌结构，宜适当加大净空富余量。

3 隧底永久加固措施宜符合表15.2.3的规定。

表 15.2.3　隧底永久加固措施

震 害 特 征	加 固 措 施
路面开裂、隆起幅度小于 50mm	灌缝、路面局部拆换、隧底注浆
隆起幅度 50 ~ 150mm	路面结构上部 500 ~ 600mm 拆换、隧底注浆
隆起幅度 150 ~ 300mm	路面结构及底部排水沟、仰拱填充拆除新建，仰拱补强
隆起幅度大于 300mm 或断裂错台	路面及仰拱结构拆除新建，仰拱应采用钢筋混凝土

条文说明

2　对通过活动性断层且地震毁坏需要重建的衬砌预留变形空间，是考虑地震以后还可能发生，且在该段再次破坏衬砌，为后续处治预留加固空间。

3　根据震害调查成果，断层破碎带、围岩地质条件较差的段落路面（仰拱）震害严重；地质条件较好段落震害轻微。路面（仰拱）结构的处治措施是按路面隆起破坏程度，并考虑破坏程度与地质条件的对应特点而制订的。

15.3　火灾病害加固设计

15.3.1　火灾病害加固应掌握衬砌结构的损伤范围和程度，火灾病害的检查可按本规范附录 D 执行，加固计算中原材料性能参数可按本规范附录 E 执行。

15.3.2　火灾病害加固措施宜符合表 15.3.2 的规定。

表 15.3.2　火灾病害加固措施表

<table>
<tr><th>病 害 特 征</th><th>原结构形式</th><th>加 固 措 施</th></tr>
<tr><td>衬砌混凝土表面颜色为青灰色，近视正常；锤击声音响亮，表面不留锤击痕迹；无明显受损现象；结构表面无开裂现象</td><td>—</td><td>—</td></tr>
<tr><td>衬砌混凝土表面颜色为青灰色、浅灰色；锤击声音较响亮，表面锤击痕迹不明显；受损深度 0 ~ 40mm；结构表面存在少量温度收缩形成的细微裂纹</td><td>素混凝土、钢筋混凝土</td><td>喷射混凝土</td></tr>
<tr><td rowspan="2">衬砌混凝土表面颜色为浅红色、浅灰白；锤击声音较闷，混凝土粉碎、塌落，表面留明显锤击痕迹；受损深度 40 ~ 90mm；结构局部表面出现明显裂缝；钢筋混凝土衬砌局部钢筋外露</td><td>素混凝土</td><td>喷射（钢纤维）混凝土、粘贴钢板</td></tr>
<tr><td>钢筋混凝土</td><td>喷射（钢纤维）混凝土</td></tr>
<tr><td rowspan="2">衬砌混凝土表面颜色为灰白色，略显浅黄色；锤击声音发闷，混凝土粉碎、塌落，表面留明显锤击痕迹；受损深度 90 ~ 150mm；结构表面出现较多 0.5 ~ 1.5mm 宽度的裂缝，剥落现象明显；钢筋混凝土衬砌中钢筋外露面积较大</td><td>素混凝土</td><td>喷射（钢纤维）混凝土、嵌入钢架</td></tr>
<tr><td>钢筋混凝土</td><td>增设钢筋网及喷射（钢纤维）混凝土</td></tr>
</table>

续表 15.3.2

病害特征	原结构形式	加固措施
衬砌混凝土表面颜色为灰白色或浅黄色；锤击声音发哑，混凝土严重脱落；受损深度大于150mm；结构表面出现贯穿性裂缝，大面积剥落；钢筋混凝土衬砌中钢筋大面积外露，拱部钢筋有下挠变形现象，严重时有烧熔现象	素混凝土	套拱、换拱
	钢筋混凝土	钢筋修复（增设）及模筑衬砌、套拱、换拱
衬砌整体坍塌	素混凝土、钢筋混凝土	换拱

条文说明

火灾病害加固措施表是结合不同温度下衬砌混凝土的受损程度制定的。隧道衬砌在火灾中受损的严重程度主要取决于以下两方面：①衬砌表面最高温度，②火灾持续时间。衬砌表面最高温度与火灾持续时间相比较，前者在对衬砌的破坏程度中起主要作用，其灵敏度是后者的5倍左右，故衬砌的不同损伤特征以受火温度为主要依据制订。值得一提的是火灾隧道的衬砌降温方式，混凝土材料在衬砌表面最高温度及火灾持续时间相同的条件下，水冷却的材料性能较自然冷却有明显降低，特别是在受火一段时间后。

15.3.3 火灾病害加固设计应符合下列规定：

1 应依据不同段落衬砌损伤情况，分区段采取相应的处治措施。

2 对严重受损的衬砌混凝土层应进行清除，露出混凝土新鲜面。

3 衬砌钢筋外露、抗拉强度降低不大于20%时，可增设钢筋网补强；钢筋抗拉强度降低大于20%、钢筋无明显变形时，应增设受力钢筋。

4 钢筋变形明显时，应截除原钢筋重新设置，并牢固连接。

5 结合防排水设施、机电设施受损情况，加固方案应考虑防排水系统的完善及机电设施的预留预埋。

条文说明

1 根据以往隧道严重火灾病害处治经验，一般依据损伤情况将隧道划分为五个区域，即严重损伤、较重损伤、中度损伤、轻度损伤、未损伤等区域。在实践中，依据隧道衬砌损伤病害特征参照表15.3.2进行区域划分，若火灾病害不严重，区域划分相应减少。同时未损伤区域仅表示火灾时该段温度不高，结构未受损伤，但烟雾可能对衬砌表面景观造成严重影响。

2 火灾中受损较严重的衬砌混凝土强度降低明显，减弱了结构的整体承载能力，同时与新增结构的黏结效果较差，加固设计通常会清除该层。清除火灾造成的衬砌劣化层还可为新增结构提供较大空间，从而避免“侵限”问题的产生。

16 特殊地质地段隧道处治设计

16.1 一般规定

16.1.1 本章适用于膨胀岩、黄土、岩溶、采空区、腐蚀性、有害气体等特殊地质引起的病害处治。

条文说明

隧道工程中特殊地质分布广泛，也十分多样，本章主要针对国内由特殊地质引起隧道较为常见病害的处治设计。

16.1.2 应根据隧道病害范围、程度，结合特殊地质的分布、性质等特征，确定加固方案。

条文说明

当特殊地质的分布、性质等特征在所收集资料中不明确时，通常根据不同地质特点，开展现场勘察试验，进一步分析验证和查明隧道病害成因。

16.1.3 加固方案除应采用针对性的加固设计外，还应包括相应的监控量测方案、应急预案等，发现设计与实际情况不符时应及时修正。

条文说明

特殊地质地段的隧道发生病害原因比较复杂，往往没有成熟的处治经验可供借鉴，因此要求加强施工中的监控量测。同时隧址区存在高瓦斯、岩溶水发育时，隧道施工过程中可能出现突发事故，故要求制订相应的应急预案。

16.2 膨胀岩

16.2.1 应根据隧道的病害现象，结合膨胀性试验结果，综合评估围岩膨胀性对隧道的影响程度。

条文说明

膨胀岩地层中修建的隧道工程，在运营期常发生衬砌开裂、变形、侵限，隧底底鼓等现象，影响隧道的安全运营。

膨胀性围岩产生膨胀的原因一般分为吸水膨胀、风化膨胀和地应力释放引起的膨胀三种类型，吸水膨胀是最为常见的类型。膨胀岩的膨胀性取决于岩体含有的膨胀矿物（如蒙脱石、蛭石、高岭土、芒硝等）和含水率的变化。因此，膨胀岩地层隧道的加固设计需查明膨胀岩的类型、工程特性、地下水等主要影响因素。

膨胀岩判别：极限膨胀力 >100kPa、极限膨胀率 >3%、干燥饱和吸水率 >10%、自由膨胀率 >30%，蒙脱石、伊利石二者含量≥15%，只要符合任两项标准即判定该围岩为膨胀岩。

围岩的膨胀性可参考表16-1进行分级。

表16-1 围岩的膨胀性分级指标表

指标分级	极限膨胀力（kPa）	极限膨胀率（%）	干燥饱和吸水率（%）	自由膨胀率（%）
弱膨胀岩	100～300	3～15	10～30	30～50
中膨胀岩	300～500	15～30	30～50	50～70
强膨胀岩	>500	>30	>50	>70

注：表16-1中任两项指标满足即可定级。

16.2.2 膨胀岩导致隧道衬砌局部鼓出、开裂等病害时，宜采用长锚杆锚固或钢花管注浆加固围岩、嵌入钢拱架、喷射混凝土、增设套拱、换拱等措施综合处治。

条文说明

当因围岩膨胀导致隧道病害时，先对衬砌和围岩进行锚固，锚杆长度通常大于6m，间距通常为0.8～1.5m，然后加强衬砌背后和隧底的排水，最后根据病害等级进行结构的加固。

16.2.3 衬砌病害严重需要拆除重建时，应符合下列要求：

1 断面形状宜为圆形或接近圆形。

2 宜采用复合式衬砌，二次衬砌应采用钢筋混凝土结构。

3 初期支护、二次衬砌均应设置仰拱，宜加大仰拱曲率。

4 预留变形量应结合围岩的膨胀性分级综合确定。

5 结合岩体膨胀力，可在支护体系中增加具有一定变形能力的缓冲材料。

6 强膨胀岩流变特征明显时，应采用特殊支护方式，包括采用多层支护、可缩式钢拱架、可伸缩式锚杆等。可缩式钢拱架接头最大缩量不宜超过100mm。

条文说明

1　圆形断面具有良好的受力特点，采用圆形断面或近圆形进行处治时，就是利用这一特点。

3　由于仰拱结构一般较为扁平，对于膨胀性岩土引起的仰拱破坏，单纯提高仰拱的强度、厚度一般不经济，加深仰拱能加大仰拱曲率改善其受力状态，从而达到经济、合理的处治要求。

4　预留变形量是结合膨胀性分级确定的，施工过程中通常根据施工情况进行调整。

5　当岩体膨胀率较大时，通常在初期支护和围岩、二次衬砌和初期支护之间增加缓冲层，如加厚无纺布，加铺防排水型防水板、有一定抗压强度的泡沫材料等。

6　本条中的“多层支护”是指多于两层的衬砌结构支护形式。

16.2.4　膨胀岩隧道拱墙衬砌基本完好但底鼓严重时，应采取下列处治措施：

1　无仰拱段落应清除底鼓处的软化岩层，增加钢筋混凝土仰拱。

2　有仰拱段落可采取仰拱补强措施，必要时拆除重建，新建仰拱应采用钢筋混凝土结构，并宜加大仰拱曲率。

3　底鼓处治可配合长锚杆、钢管桩等措施。

16.2.5　隧道拆除重建及新增仰拱防排水设计应遵循堵排结合、综合治理的原则，减少地下水与膨胀岩体的接触。

16.3　黄土

16.3.1　应根据黄土类型、物理力学性能、天然含水率等，确定隧道病害的处治措施。

条文说明

黄土是第四系堆积的大陆沉积物，是半干旱气候条件下形成的有针状孔隙、垂直节理的特殊土。按形成的年代分为新黄土和老黄土，新黄土有马兰黄土和新近堆积黄土；老黄土有午城黄土和离石黄土。新、老黄土的物理力学性能和围岩稳定性有很大差异，故黄土隧道进行病害处治时需结合具体情况确定处治方案。

16.3.2　黄土隧道洞口及浅埋段病害处治时，应加强地表防水隔水及落水洞封堵措施，避免地表水下渗。

条文说明

由于黄土的多孔性、湿陷性及遇水软化的特性，其抗剪强度和抗压强度随含水率的增加会显著降低，因此水对黄土地层的稳定性、围岩压力有直接影响，且反应灵敏。在黄土隧道的洞口及浅埋段该问题体现更为明显，故本条提出采取可靠的地表防水隔水措施来防治隧道结构病害。

16.3.3 衬砌结构病害可采取粘贴钢板、嵌入钢架、套拱、换拱、围岩注浆等处治措施。当隧道基底软化、沉降导致衬砌病害时，宜结合隧底加固措施进行综合处治。

16.3.4 路面沉陷、底鼓病害，可采取换填、旋喷桩、碎石桩、灰土桩、钢管桩等措施综合处治，必要时应进行仰拱补强或仰拱重新施作。

16.4 岩溶

16.4.1 应根据溶洞规模、与隧道相对关系、有无岩溶水及充填物等，综合考虑确定处治方案。

16.4.2 小型岩溶洞穴、岩溶裂隙段隧道加固时，可采取注浆、混凝土回填等措施。岩溶洞穴作为排水通道时应预留过水通道。

16.4.3 大型岩溶洞穴段隧道加固时，应符合下列规定：

1 当岩溶洞穴位于隧道拱部以上时，根据溶洞洞壁稳定情况，宜进行喷锚加固，并采取护拱、缓冲层等措施进行处治。护拱应采用钢筋混凝土结构，厚度宜为0.5～2.0m；缓冲层厚度宜大于2m。

2 岩溶洞穴位于隧道底部时，洞穴顶部基岩与隧底高差小于5m，宜进行浆砌片石回填，洞穴底部松散充填物可采取注浆固结、换填等措施；洞穴顶部基岩与隧底高差大于5m，宜采取桩基托梁等措施，桩基基础宜伸至底部围岩。

16.4.4 岩溶水处治应符合下列规定：

1 管道岩溶水处治应依据宜疏不宜堵的原则进行引排，必要时可增设泄水管涵。

2 裂隙岩溶水可采用封堵措施。

3 季节性涌水处治应依据以排为主、局部封堵为辅的原则。涌水量大，加大、增设排水沟仍不能满足隧道排水能力时，宜采用泄水洞方案。

4 加固方案应包括防止施工过程中出现涌水、突泥灾害的措施。

5 岩溶涌水产生的水压造成二次衬砌破损时，结构加固应考虑地下水压力。

条文说明

1 岩溶涌水复杂，设计需系统考虑隧道涌突水病害治理的方案。过水岩溶管道是地下水的排泄通道，将其堵塞会引起地下水位上升，导致结构承受水压而可能破坏。在干旱期，过水岩溶管道中可能无水或水量很小，也要坚持宜疏不宜堵的原则，预留足够泄水量的通道，避免雨季时地下水汇集导致隧道病害。

2　裂隙岩溶水一般不会形成涌水或过大的水头压力，处治方式与一般岩体类似，故推荐采用封堵措施。

3　泄水洞的高度、宽度及洞内纵坡通常分别不小于2m、1.5m和1%，断面形式一般采用直墙圆拱形式。在溶洞和地下水发育地段，通常设置支洞、钻竖（斜）向泄水孔，增加地下水汇集速度。

16.5　采空区

16.5.1　应结合采空区特征及其对隧道影响，确定采空区处治范围。

16.5.2　采空区处治宜采用注浆回填，注浆回填应符合下列规定：

1　注浆回填材料可选择砂石、粉煤灰、水泥黏土及水泥浆等。

2　地下水流速大于200m/h时，应先灌入集料再进行注浆。

3　仅注浆时，注浆孔直径不宜小于50mm；需投入集料时，注浆孔直径不宜小于89mm。

4　需缩短浆液凝结时间时，浆液中应加入适量的水玻璃、三乙醇胺等材料。

条文说明

采空区内通常存在有害气体及积水，施工人员进入可能存在危险，故本条推荐采用注浆回填；若能确认施工人员进入无风险时，采用人工回填也是可行的。

16.5.3　对尚在开采的矿区，应对隧道周边的开采方式、范围提出具体要求，应对可能影响隧道安全的巷道采取永久加固措施。

16.5.4　隧道周边的采空塌陷区域应采取注浆加固，两侧和拱部注浆范围外延长度不宜小于4m。

条文说明

地下采空区通常范围大，且相互联通，所以注浆时一般采取必要的封堵措施避免浆液浪费。

16.5.5　存在下列情况时，应进行专题研究：

1　隧道上方或下方出现多层采空区。

2　采空区内存在大量地下水。

3　采空区内存在浓度较高的有害气体。

16.6　含有害气体地层

16.6.1　应结合有害气体溢出位置、浓度，采取溢出点（裂缝）封堵、引排、通风稀释等措施。

16.6.2　采取封堵措施时，处治范围应向有害气体溢出范围的两端延伸不小于50m。

16.6.3　加固后应对有害气体浓度进行检测，当采取封堵等措施仍无法隔离时，应进行专题研究。

16.6.4　隧道内沟槽中有害气体浓度超标时，宜采取封堵、通风稀释、引排等措施。

16.6.5　瓦斯突出隧道处治应采取防瓦斯突出专项措施。

16.7　腐蚀性地层

16.7.1　当隧道所处环境导致结构材料劣化或服役寿命缩短时，应根据衬砌腐蚀破坏的原因、程度，制订针对性处治方案。

条文说明

隧道衬砌腐蚀性破坏主要分为物理性腐蚀和化学性腐蚀两种，其中物理性腐蚀主要有冻融交替冻胀性裂损和干湿交替盐类结晶性胀裂破坏；化学性腐蚀根据主要物质因素和腐蚀破坏机理，分为氯离子侵蚀、硫酸盐侵蚀、镁盐侵蚀、溶出性侵蚀、碳酸盐侵蚀、一般酸性侵蚀6种。腐蚀性地层腐蚀种类较多，处治前需查清腐蚀破坏的种类、程度，才能制订有针对性的方案。

16.7.2　衬砌腐蚀严重时，抗腐蚀措施应符合下列规定：

1　应采用抗腐蚀性混凝土，提高其密实性和整体性。

2　应加强防、排水措施。

3　钢筋最小直径不应小于12mm，受力钢筋的最小直径不应小于16mm，并应进行防腐处理，钢筋的净保护层厚度不应小于50mm。

条文说明

无论是物理性腐蚀还是化学性腐蚀，甚至几种情况同时存在，混凝土、砌体或砂浆发生腐蚀现象的共同必要条件是水及水中侵蚀介质能渗透到结构内部，故提高结构的密实性和完整性是解决腐蚀的主要措施之一。比如在混凝土中适当掺加微硅粉、超细粉煤灰等外加剂材料，掺量为胶凝材料总重的7%～10%，性能指标按现行《高强高性能混凝土用矿物外加剂》（GB/T 18736）中相关规定执行。

16.7.3 采用防腐蚀浆液、涂料进行抗腐蚀处治应符合下列规定：

1 向衬砌背后压注防腐蚀浆液，可选用阳离子乳化沥青、沥青水泥浆等沥青类乳液，高抗硫酸盐水泥（砂）浆、聚合物水泥砂浆等。

2 在衬砌表面涂抹防水、防腐蚀涂料，可选用阳离子乳化沥青乳胶涂料、焦油聚氨酯涂料、聚合物水泥防水涂料等。

3 防腐蚀涂料、浆液的性能应满足现行《公路工程混凝土结构防腐蚀技术规范》（JTG/T B07-01）的要求。

17 施工准备与施工组织

17.1 施工准备

17.1.1 加固施工前，应对隧道技术状况进行现场复查，对设计图纸进行复核。

条文说明

通过现场复查有利于发现隧道新发生的病害及掌握原病害的发展趋势，有助于全面了解隧道当前的技术状况。

17.1.2 加固施工前，应对隧道内管线与设备、相邻设施、施工场地布置、临时设施设置、排污、弃渣等进行调查。

条文说明

对运营隧道进行加固施工，其施工条件限制较多，需避免进场后不确定因素干扰导致加固施工不能按进度开展。施工前对隧道内管线与设备、相邻设施、施工场地布置、临时设施设置、排污、弃渣等进行调查，依据现场条件合理制订施工计划，可以节省工期，减小对隧道运营的干扰。

17.1.3 加固施工对通风、照明、消防、供配电、监控等隧道机电附属设施有影响时，应进行临时改迁或采取保护措施。

17.1.4 加固施工前，应进行技术交底。

条文说明

本条中技术交底包括设计单位进行的技术交底和施工单位内部的技术交底。隧道加固施工前进行技术交底，有助于施工技术人员领会设计意图，协商解决遇到的技术难题，同时对施工方案有详尽的了解，合理调配工作人员和设备机具，从而提高施工质量和工作效率。

17.1.5 加固施工前，应对设计交桩进行复测。

条文说明

渗漏水、裂缝等简单处治一般不需要进行测量；对于套拱、换拱、隧底加固等复杂处治措施需要进行测量，施工前的交桩复测目的是为了将现场结构测量数据与设计数据进行对比、复核，有利于加固施工精确实施。

17.1.6 加固施工应配备满足施工要求的仪器、器具和设备，并完成相应的标定工作。

17.1.7 加固施工用注浆材料、纤维复合材料、胶黏剂、裂缝修补材料、防水堵漏材料、保温隔热材料等，应具有国家相关部门认定的检测机构出具的产品性能检测报告和产品合格证，其性能指标应满足设计要求。

17.2 实施性施工组织设计

17.2.1 应按设计文件、技术规范的要求，结合现场调查情况选择合理的施工方案，编制实施性施工组织设计。

17.2.2 实施性施工组织设计应包括编制说明、工程概况、施工准备、施工组织机构、施工方案、交通组织方案、进度计划、资金计划、材料计划、机械配备、质量管理、安全生产、环境保护、职业健康等。

17.2.3 应根据病害处治方案和病害类型制订合理的施工工序、工艺。

条文说明

加固处治采取的措施较多时，在保证安全的前提下合理安排工序，如裂缝修补前先进行渗漏水的治理、套拱加固前先对原衬砌上存在的病害进行处治等，不仅能提高效率尽早完成施工，减少对运营的影响，还能避免造成不必要的返工。

17.3 施工安全

17.3.1 加固施工前，应对施工风险进行分析、评估，提出防范对策，制订相应的突发事件应急预案。

17.3.2 应根据公路等级、加固方案、运营情况确定交通组织方案，施工期间应设立警示和交通标志，并设专人维护、疏导交通。

条文说明

高速公路或一级公路隧道加固施工对运营安全影响大时，通常有条件封闭单洞进行施工，另外一座单洞双向通车；对运营安全影响不大时，采取封闭一个车道施工，其他车道通行。二、三、四级公路隧道加固施工对运营安全影响大且施工不宜中断时，须中断交通，比如在衬砌拆除、换拱等施工作业时；对运营安全影响不大或施工可中断时，采取封闭一个车道施工，两个方向的车辆交替通行，或在交通量较小的时间段中断交通施工。施工中要严格按现行《公路养护安全作业规程》（JTG H30）采取相应安全措施，确保司乘、作业人员安全。

17.3.3 隧道加固施工不中断交通时，应采取下列措施：

1 应按现行《公路养护安全作业规程》（JTG H30）设置施工标志、限速标志、反光锥形交通路标和警示灯等安全设施。

2 隧道进口端及前方适当位置，应设置公告信息牌，并应向社会发布相关公告信息。

3 加固施工应减小对公路通行的影响，并应制订交通拥堵时的疏解方案。

4 应根据需要设置防抛网、防护台架等通行保护设施。

条文说明

3 交通疏解方案主要是指交通发生堵塞时，及时通知交警和路政管理单位进行处理，采取应急疏导措施，包括借道分流交通、地方公路分流交通、收费站入口控制等；若为交通事故、车辆故障等引起交通堵塞，需配合相关方尽快处理，将事故车辆、故障车辆驶离或拖离交通管制区段。

17.3.4 爆破作业应按现行《爆破安全规程》（GB 6722）执行，并应结合原结构和设施情况进行爆破震动监测。

17.3.5 加固采用化学材料时，应符合下列规定：

1 采用易燃材料时，工作场地应配备消防设施，不得使用明火。

2 配制化学浆液的易燃原料应密封保存，远离火源。

3 化学材料对人体有危害时，工作和储存场地应加强通风。

4 作业人员防护应符合有关劳动保护的规定。

5 施工完成后，应及时清理遗留的化学材料。

17.3.6 隧道震害加固施工时，应符合下列规定：

1 应制订逃生、避险预案。

2　施工场地应布置在开阔的安全地带，不得布置在冲沟内、陡坡坡脚及滑坡体、崩塌体的影响范围内。

3　应加强施工场地安全防护，可采用主动防护网、被动防护网、拦石墙等措施。

4　加固施工时，因余震等因素产生新的病害或病害加剧，应及时调整加固方案。

条文说明

1　较大地震后一般较长时间会有余震，隧址区仍会出现坍塌、掉块、飞石等二次震害，对作业人员安全产生影响。施工单位进场后，需根据实际的地形、地物和震害情况进行安全评估，制订完善的应急逃生路线。

17.4　施工环境保护

17.4.1　加固施工前，应建立健全环保管理体系，制订保护环境、节能减排和文明施工的实施方案，并按实施方案设置临时辅助设施及配备机械设备等。

17.4.2　加固施工不得随意排放、丢弃对环境有影响的废弃物，并应按环保要求进行处理。

17.4.3　加固施工应采取通风、防尘、降噪等环境保护措施。

17.4.4　加固施工应优先选用满足设计要求的环保类材料。

17.4.5　加固施工对隧道原结构及设施造成污染时，施工完成后应及时清理。

17.4.6　加固施工完成后，应及时对各种临时工程、临时辅助设施，临时用地和弃渣等进行处理，做到工完场清。

17.5　作业人员的教育和培训

17.5.1　隧道加固施工的各类特殊岗位人员应持证上岗。

17.5.2　应对隧道加固作业人员进行安全技术交底，并定期进行安全培训。

条文说明

隧道加固作业人员需有充分的施工安全意识，特别是在不中断交通的路段施工，尤其要提高交通安全意识，故要求对所有上岗人员进行安全技术交底和定期安全培训。

18 衬砌加固施工

18.1 一般规定

18.1.1 本章适用于粘贴纤维复合材料、粘贴钢板（带）、喷射混凝土、嵌入钢架、锚杆、套拱等衬砌加固施工。

18.1.2 基面处理时应先清除衬砌表面的剥落、疏松、蜂窝、腐蚀等劣化部分及附着物，表面应平整、干燥、清洁。

条文说明

基面处理是加固施工关键的工序，需认真进行，具体处理措施如下：

（1）对干净的衬砌混凝土黏结面，先用硬毛刷沾清洗液洗刷表面，再用清水冲洗，待完全干燥即可。

（2）对污染的衬砌混凝土黏结面，先用硬毛刷沾高效洗涤剂刷除表面油垢等污染物后用清水冲洗，再对黏结面进行打磨，除去2～3mm厚表层，直至完全露出新的混凝土面，最后用压缩空气吹除表面上的粉尘。

（3）对于湿度较大的衬砌混凝土，需进行干燥处理。在潮湿的基层上，一般胶黏剂的黏结强度会大幅度降低。

（4）混凝土表面有疏松、蜂窝时，采用磨光机打磨进行整平处理，露出新鲜混凝土毛面。经处理后的混凝土表面，满足平整、洁净，无粉尘、浮渣的要求。

18.1.3 新旧混凝土结合面应进行凿毛处理，凿成凹凸差不小于6mm的新鲜毛面，并清理干净。

条文说明

凿毛处理主要为使新旧混凝土黏结面结合牢固，新鲜毛面是指凿毛范围内所有衬砌混凝土均除去表层部分露出新鲜集料。

18.1.4 采用喷射混凝土、模筑混凝土加固施工时，施工工艺应满足现行《公路隧道施工技术规范》（JTG F60）中的相关规定。

18.1.5 当进行植筋、锚栓锚固施工时，施工方法按本规范附录 F 和附录 G 执行。

18.2 粘贴纤维复合材料加固

18.2.1 纤维复合材料存放及粘贴施工环境应满足材料的相关要求。

条文说明

本条是根据常用纤维复合材料性能进行规定的，主要原因是纤维复合材料不适宜长期直接暴露于阳光下或在粘贴表面进行焊接施工，导致其老化或产生电化腐蚀。不同的纤维复合材料对于环境要求也不尽相同，需要认真阅读产品说明书并严格按要求执行。

18.2.2 涂刷底胶应符合下列规定：

1 基面底胶应涂抹均匀，不得漏刷、流淌或有气泡。胶面应保持平整，有毛刺时应打磨平顺并补胶。

2 底胶涂刷完毕静置固化至不触变时，再进行下一步工序。若涂刷时间超过 7d，应清除原底胶，重新施作底胶。

条文说明

1 当黏结材料是配有底胶的结构胶黏剂时，按底胶使用说明书的要求进行涂刷和养护，不能擅自免去涂刷底胶的工序。若黏结材料是免底胶胶黏剂，检查其产品名称、型号及产品使用说明书，并经监理工程师确认后，方能免涂底胶。

2 底胶在涂刷完成并不触变后，要尽快进行纤维复合材料的粘贴，保证粘贴效果，否则因为底胶长时间暴露在外，灰尘会黏附在胶体表面影响粘贴效果。如长期暴露，需将表面一层原底胶打磨清理干净，然后重新涂抹。

18.2.3 纤维复合材料粘贴应符合下列规定：

1 浸渍、黏结专用的结构胶，其配制和使用应按产品使用说明书的规定进行。

2 粘贴纤维复合材料宜在环境温度 5 ~ 35℃、混凝土表面含水率小于 4% 的条件下进行。

3 将配制好的浸渍、粘贴结构胶均匀涂于底胶上，及时粘贴纤维复合材料，搭接长度不宜小于 100mm，搭接端部应平整无翘曲。

4 沿纤维方向滚压，使胶液充分浸渍纤维复合材料，均匀压实，无气泡。

5 粘贴多层纤维复合材料时，应待上层指触干燥后及时粘贴下一层。

6 粘贴多层纤维复合材料时，各层搭接位置应不在同一截面，每层搭接位置的净距应大于 200mm。

7 粘贴结束后，应按设计要求涂刷防护材料或防火材料。

条文说明

1 浸渍及黏结用的结构胶拌和一般采用低速搅拌机充分搅拌，拌好的胶液色泽均匀、无气泡，其初黏度要符合设计要求。胶液注入成胶容器后，要采取措施防止水、油、灰尘等杂质混入。

2 结合常用胶黏剂性能，本款规定了粘贴纤维复合材料施工的条件，若胶黏剂产品说明书与之有差异，按说明书中相关规定执行。当混凝土表面含水率超限时，需进行人工干燥处理或改用高潮湿面专用的结构胶粘贴。

3 根据国内外对纤维复合材料与混凝土间的黏结锚固的实验结果，黏结应力主要集中于端部100mm范围内，黏结应力一般不会产生扩展，本款规定旨在避开黏结应力最大区域。

18.3 粘贴钢板（带）加固

18.3.1 固定钢板（带）的锚栓施工应符合下列规定：

1 施工流程应为：孔位标定、钻孔、清孔、植入锚栓。

2 应依据锚栓直径按本规范附录F中表F.2.1-1确定钻孔孔径。

3 钻孔前，应探明并标记衬砌内钢筋位置，钻孔与钢筋位置冲突时，适当调整孔位。

4 应将钻孔清理干净，保持干燥，不得有油污。

条文说明

3 在原衬砌上钻锚栓孔时，通常用钢筋探测仪确定钢筋位置，为避免钻孔损伤原衬砌钢筋允许适当移动孔位。

18.3.2 钢板（带）制作应符合下列规定：

1 钢板（带）边缘表面应光滑，无毛刺、咬口及翘曲。

2 钢板（带）粘贴面应打磨至呈现金属光泽后，进行粗糙处理，并保持干燥、清洁。

3 钢板（带）外露面应除锈并按设计要求做好防腐处理。

4 钢板（带）钻孔应与锚栓位置对应，孔边无毛刺。

条文说明

1 钢板（带）易在搬运、施工中变形翘曲，需采取措施防止变形。

2 为了增加钢板（带）表面黏附能力，对粘贴面一般进行除锈和粗糙处理。其方法是：用电动磨光机反复打磨粘贴面至露出金属光泽，再用平砂轮进行打磨拉毛处理，纹道与钢板（带）受力方向垂直。最后，用丙酮清洗除去钢板（带）表面附着的油污和杂质，晾干待用。

3 为防止加固用钢板（带）在长期运营过程中产生锈蚀使有效截面减小，导致加固作用降低，故规定此款。

4 为使钻孔与锚栓位置对应，一般在粘贴面上锚固锚栓孔全部钻成后，用透明纸覆盖在混凝土面上画出锚栓孔位置，然后覆盖在钢板粘贴面上用电钻钻取相应锚栓孔，把钢板（带）覆盖到原衬砌粘贴面上再进行锚栓孔校核，如有偏差对钢板（带）上的锚栓孔进行修正，使原衬砌上钻孔与钢板钻孔位置吻合。规定孔边无毛刺，是为防止钢板（带）钻孔孔边毛刺刺伤作业人员。

18.3.3 钢板（带）安装施工应符合下列规定：

1 钢板（带）与衬砌间空隙采用垫片调节，其空间满足胶液灌注厚度要求。

2 钢板（带）接头应按设计要求进行坡口或平口焊接。

3 钢板（带）接头位置的钢压板应与钢板（带）采用胶黏剂、锚栓连接，相邻两环钢板应按设计要求采用短钢板进行纵向连接。

条文说明

2 坡口焊接较平口焊接面积大、效果好，但施工相对复杂，施工时需按设计要求和意图执行。

3 本款中采用短钢板进行纵向连接，适用于相邻两环钢板之间，能形成整体受力，对于 W 钢带则不适用。

18.3.4 钢板应采用压力注胶法进行粘贴施工，并应符合下列规定：

1 应先用封边胶将钢板周围封闭，预留注胶、出胶孔，注胶孔间距不宜大于500mm。

2 粘贴注胶嘴并通气试漏后，应以不小于0.1MPa的压力压入胶黏剂，当出胶孔出现胶液后停止加压，并用封边胶封堵，稳压10min以上。

3 注胶应按从下至上的顺序进行。

18.3.5 W 钢带宜采用涂胶法或压力注胶法进行粘贴施工，采用涂胶法粘贴时应符合下列规定：

1 涂刷胶黏剂前，应对衬砌表面缺损处及不平整处采用改性环氧水泥砂浆进行找平处理。

2 在衬砌表面及 W 钢带粘贴面均匀地涂刷胶黏剂，胶层厚度不应小于5mm。

3 W 钢带和衬砌进行粘贴时，适当加压应至有胶体从钢带两边流出。

条文说明

1 改性环氧水泥砂浆较其他普通的聚合物改性水泥砂浆黏结强度大，基面处理作为结构加固的重要施工环节，本款就找平材料进行明确规定。

2、3 涂胶法黏结的施工质量不易保证，进行这两款规定是为了达到质量控制中总有效黏结面积要求。

18.3.6 钢板（带）粘贴应在衬砌表面干燥条件下进行，按设计要求进行涂装、防护处理。

条文说明

钢板（带）粘贴施工时，胶黏剂对环境条件要求与纤维复合材料粘贴是一致的，不再重复叙述。加固所用的钢板（带）需按设计要求进行防腐处理；设计无要求时，若采用防锈漆进行防腐，钢板（带）外露部分涂刷不少于两遍防锈漆，再涂两遍面漆，面漆颜色与周边衬砌表面颜色尽量一致。

18.4 喷射混凝土加固

18.4.1 喷射混凝土前应预先设置喷射厚度标志，其间距不宜大于1.50m，喷层厚度应满足设计要求。

条文说明

喷射混凝土厚度控制较为困难，喷层厚度不仅需满足设计要求，而且又要考虑避免“侵限”，故明确要求设置厚度标志进行精细作业。

18.4.2 喷射混凝土施工前，工作面应冲洗干净并保持湿润。

条文说明

在干燥的衬砌上进行喷射混凝土作业，会导致喷射混凝土中水分被原衬砌混凝土吸收较多，改变混凝土的含水率影响黏结效果，故要求先对处治范围内衬砌混凝土表面喷水湿润，防止喷射混凝土的含水率明显改变。

18.4.3 喷射混凝土施工应采用湿喷工艺，当加固层厚度大于70mm时，宜分层喷射。

条文说明

湿喷工艺在喷射混凝土质量、材料利用率及保护工作场地环境方面，较干喷工艺具有明显优势，故明确要求采用湿喷工艺。

18.4.4 喷射作业面积较大时，应分段、分片由下而上顺序进行，每次作业区段纵向长度不宜超过6m，变形缝位置应与原衬砌一致。

条文说明

喷射作业分段进行是考虑喷射机械的工作能力和作业半径，同时便于管理检查，有利于保证喷射混凝土的质量。自下而上喷射能避免上部回弹物污染下部未喷射的衬砌基面，同时下部喷层也能对上部喷层起到支撑作用，可减少或防止喷层脱落。

18.4.5 喷射混凝土表面应平整，对超喷或欠喷部位应进行刮除或补喷，与周边衬砌混凝土连接圆顺。

18.4.6 挂网喷射混凝土时，按设计要求在衬砌表面埋设锚固筋，钢筋网应与锚固筋连接牢固。

条文说明

当钢筋网与锚固筋绑扎连接时，锚固筋要预留弯钩与钢筋网进行连接；当钢筋网与锚固筋焊接时，需采取降温措施防止锚固筋温度过高使锚固端的胶黏剂失效。

18.4.7 喷射混凝土时，应采取相应的集料收集措施。回弹料不得重新使用。

18.5 嵌入钢架加固

18.5.1 钢架的结构形式、断面尺寸、加工工艺等应符合设计要求，分段安装时应连接牢固。

18.5.2 开槽前应在衬砌表面放样，按标出位置进行开槽施工。

18.5.3 开槽施工宜采用机械切割工艺，开槽尺寸应满足设计要求，槽内应平顺。

18.5.4 开槽时应对开槽部位衬砌加强观测，必要时采取钢管、钢架支撑等临时措施。

18.5.5 开槽时应采取跳槽施工，跳槽间距应根据设计要求并结合实际情况确定，开槽后应及时嵌入钢架并封闭。

条文说明

适用嵌入钢架加固衬砌的段落，衬砌本身已存在承载能力不足问题，开槽施工降低了衬砌整体性，施工时在上一环没有完成的情况下一般不继续开槽，故本条要求间隔跳槽施工。

18.5.6 槽内填充自密实补偿收缩混凝土时，应符合下列规定：

1 自密实补偿收缩混凝土应搅拌均匀，分层连续浇筑。

2 混凝土下落的自由倾落高度不得超过1m。

3 槽内应填充密实，与原衬砌混凝土应平顺连接。

条文说明

由于嵌入钢架后槽内空间有限，不利于振捣，普通混凝土很难填充密实，通常采用自密实补偿收缩混凝土。自密实混凝土较普通混凝土搅拌时间略长，施工中需按产品说明书进行充分搅拌。

18.5.7 采用锁脚锚杆、锚固筋等固定钢架时，其设置角度、长度应满足设计要求，并与钢架焊接牢固。

18.6 锚杆加固

18.6.1 钻孔应按设计图纸所示的位置、孔径、长度和方位进行，在不稳定地层中宜采用套管护壁钻孔，并不得损伤周边衬砌。

条文说明

常见锚杆孔径控制满足下列要求：

（1）水泥砂浆锚杆孔径通常大于杆体直径15mm。

（2）树脂锚杆和快硬水泥卷锚杆孔径通常为42～50mm，小直径锚杆孔直径通常为28～32mm。

施工中，常见锚杆钻孔深度控制满足下列要求：

（1）水泥砂浆锚杆孔深允许偏差一般要求为50mm。

（2）树脂锚杆和快硬水泥卷锚杆的孔深较杆体有效长度长0～30mm。

（3）摩擦型锚杆孔深比杆体长10～50mm。

（4）预应力锚杆孔深需满足设计要求，且不大于规定值200mm，钻孔保持直线。

18.6.2 围岩裂隙发育或富含地下水可能影响锚杆施工质量时，应对钻孔周边孔壁进行渗水试验，必要时应采用固结注浆或其他方法进行处理。

条文说明

进行钻孔周边孔壁渗水试验，通常向孔内注入0.2～0.4MPa压力水10min后，锚固段钻孔周边渗水率超过0.01m^3/min时，考虑进行孔壁防渗水处理。

18.6.3 锚杆杆体制作、组装应符合下列规定：

1 低预应力锚杆或非预应力锚杆应严格按照设计要求制备杆体、垫板、螺母等部件，除摩擦型锚杆外，杆体应附有居中隔离架，间距应不大于2.0m。

2 预应力锚杆杆体组装应按设计的形状、尺寸和构造要求进行组装，居中隔离架间距应不大于2.0m；杆体自由段应设置隔离套管，杆体外露长度应满足台座尺寸及张拉锁定的要求。

18.6.4 根据锚杆类型、钻孔部位和方位，可采取先注浆后插杆或先插杆后注浆方式施工。

18.6.5 锚杆安放应符合下列规定：

1 锚杆杆体放入孔内或注浆前，应清除孔内积水、岩屑、粉尘等。

2 根据设计要求的杆体长度向钻孔内插入杆体，杆体正确就位至注浆浆体硬化前不得被晃动。

18.6.6 注浆工艺应符合下列规定：

1 低预应力锚杆或非预应力锚杆先注浆后插杆施工时，注浆管插入孔底后拔出50～100mm开始注浆，注浆管随浆液的注入缓慢匀速拔出，使孔内充满浆体。

2 对上倾的钻孔注浆时，应在孔口设置密封装置、止浆器，并应将排气管内端设于孔底，待排气管或中空注浆锚杆空腔出浆时方可停止注浆。

3 对下倾的预应力锚杆钻孔注浆时，注浆管应插入距孔底300～500mm处后开始注浆。

4 自进式锚杆宜采用边钻孔边注浆的施工工艺，直至钻至设计深度。

18.6.7 预应力锚杆的注浆体和台座满足抗压强度值后，应先取0.1～0.2的拉力设计值预张拉1～2次，使各杆体平直、各部位紧密接触，再进行正式张拉。

18.6.8 锚杆尾部的垫板应紧贴衬砌面，并进行封锚施工。

18.6.9 锚杆安装后，在注浆体强度达到70%设计强度之前，不得进行敲击、碰撞或牵拉。

18.7 套拱加固

18.7.1 套拱加固施工前，应对加固段落净空断面进行复查。

条文说明

套拱加固方式对隧道净空断面影响大，若施工时净空断面核查结果较检查结果明显减小，往往影响套拱加固方案的可行性，为防止该类情况发生规定此条。

18.7.2 喷射混凝土套拱加固采用的钢架应符合下列规定：

1 钢架应垂直于隧道中线，竖向不倾斜，不扭曲，墙脚应置于牢靠基础上，不得悬空。

2 钢架安装后，喷射混凝土施工应由两侧墙脚向上对称喷射并将钢架覆盖。

3 钢架拱背喷射混凝土应填充密实，钢架保护层厚度应满足设计要求。

条文说明

3 钢架拱背喷射混凝土回填施工不易达到密实要求，但若达不到密实要求将导致拱架不能分担衬砌受力，加固效果也会大打折扣，为避免该现象的发生规定此款。

18.7.3 喷射混凝土套拱加固采用挂网喷射混凝土时，应符合下列规定：

1 钢筋网应与锚固筋连接牢靠。

2 当采用双层钢筋网时，第二层钢筋网应在第一层钢筋网被喷射混凝土全部覆盖后进行铺挂。

18.7.4 模筑混凝土套拱宜采用模板台车施工，混凝土应振捣密实，施工缝、变形缝应做好防水处理。

条文说明

套拱一般结构厚度较大，采用其他方式施工较难保证套拱表面的平整度，甚至会出现“跑模”现象，故推荐采用模板台车施工。若套拱加固段落很短，考虑模板台车造价高、加工时间长，该规定适当放宽，但需采取措施满足衬砌表面的平整度要求。

18.7.5 套拱表面应平整圆顺，装饰宜与原衬砌装饰一致。

18.7.6 复合式套拱加固施工时，应按设计要求施工防排水系统，并应做好与原防排水系统的衔接。

18.8 施工质量控制

18.8.1 钢架、锚杆施工质量控制应符合现行《公路工程质量检验评定标准 第一册 土建工程》(JTG F80/1)的要求

18.8.2 喷射混凝土、模筑混凝土加固施工质量控制应满足下列要求:

1 喷射混凝土、模筑混凝土加固施工质量控制实测数据应满足表18.8.2的要求。

表18.8.2 喷射混凝土、模筑混凝土加固施工质量控制

控制项目		规定值或允许偏差	控制措施
喷射混凝土	强度	符合设计要求	抗压强度试验
	厚度	90%的检查点的厚度≥设计厚度,且最小厚度≥0.8设计厚度	凿孔、地质雷达检测
	平整度(mm)	≤40	2m靠尺测量
模筑混凝土	强度	符合设计要求	抗压强度试验
	厚度	90%的检查点的厚度≥设计厚度,且最小厚度≥0.8设计厚度	凿孔、地质雷达检测
	平整度(mm)	≤20	2m靠尺测量

2 混凝土内部钢筋(网)、背部密实状况等其他项目质量控制应符合现行《公路工程质量检验评定标准 第一册 土建工程》(JTG F80/1)的要求。

18.8.3 粘贴纤维复合材料加固施工质量控制应符合下列要求:

1 粘贴纤维复合材料加固施工质量控制实测数据应符合表18.8.3的要求。

表18.8.3 粘贴纤维复合材料加固施工质量控制

控制项目	规定值或允许偏差	控制措施
基面处理后平整度(mm)	±5	2m靠尺测量
粘贴位置偏差(mm)	≤10	尺量或全站仪定位
粘贴数量(条数、层数)	≥设计值	现场量测
总有效粘贴面积	≥总面积的95%	敲击法检查
与C20混凝土的正拉黏结强度(MPa)	≥1.5(混凝土内聚破坏)	黏结强度试验检查

注:衬砌混凝土实测强度≥C45时,正拉黏结强度≥2.5MPa;实测强度介于C20~C45,以线性差值法确定其合格标准。

2 纤维复合材料应无折痕,搭接长度应满足设计要求;胶体浸渍应饱满,表面无气泡、翘边。

18.8.4 粘贴钢板加固施工质量控制应符合下列要求:

1 粘贴钢板加固施工质量控制实测数据应符合表 18.8.4 的要求。

表 18.8.4　粘贴钢板加固施工质量控制

控制项目		规定值或允许偏差	控制措施
钢板	平面尺寸（mm）	±3	尺量
	厚度（mm）	+0.5，-0	尺量
	粘贴位置（mm）	±5	尺量
锚栓	钻孔直径（mm）	+2，0	尺量
	锚固深度（mm）	+20，0	尺量
钢板有效粘贴面积		≥95%	敲击法检验
与 C20 混凝土的正拉黏结强度（MPa）		≥1.5（混凝土内聚破坏）	黏结强度试验检查
钢板防腐涂装厚度		符合设计要求	漆膜测厚仪检查：每块钢板检查两处

注：衬砌混凝土实测强度≥C45 时，正拉黏结强度≥2.5MPa；实测强度介于 C20～C45，以线性差值法确定其合格标准。

2　钢板外观应平整、圆顺，胶体应固化，锚固应牢靠。钢板尺寸、厚度、防腐处理、锚栓间距应满足设计要求，胶层厚度应均匀。

19 注浆加固施工

19.1 一般规定

19.1.1 本章适用于围岩松弛、衬砌背后空洞引起的衬砌开裂、变形、渗漏水等病害的注浆加固处治施工。

19.1.2 注浆浆液配制应满足下列要求：

1 注浆材料宜采用现场集中拌制，配制的浆液应具有较好的流动性、可注性和渗入性。

2 浆液掺合料和外加剂的种类、数量，应通过室内和现场注浆试验确定。

3 渗漏水严重地段的注浆加固，应现场试验确定凝胶时间。

条文说明

1 注浆材料具有较好的流动性，在压注孔、压注管、孔隙内能够通畅地流动。

3 渗漏水严重地段往往是富水段落，注浆加固过程中要注意控制硬化时间，特别是有涌水的环境下，易于发生材料离析、溢出等现象，为进一步复核浆液的适用性规定此款。

19.1.3 注浆孔布置方式、孔径及孔深应符合设计要求，孔位与预埋管线、排水管(沟)、钢筋、钢架有干扰时，可进行适当调整。

条文说明

当注浆段衬砌内设置钢架或钢筋时，通常先采用地质雷达及钢筋探测仪标出钢架及钢筋位置，钻孔时进行避让，避免多次钻孔损伤衬砌。

19.1.4 注浆加固施工应按由下向上、由少水处向多水处、先两端后中间顺序施工；地下水富集、有水压的段落，宜先设置泄水孔排水，再进行注浆。

条文说明

本条规定是要求尽量选择注浆后能及时产生帷幕效果的注浆顺序，减少跑浆漏浆现象，并且能够有效堵水。

19.1.5 应根据施工条件、注浆材料选择注浆设备、工艺，并应符合下列规定：

1 注浆泵的技术性能应与浆液的类型、浓度相适应。额定工作压力应大于最大注浆压力的1.5倍，压力波动范围宜小于注浆压力的20%。

2 浆液在注浆管路中应流动畅通，注浆管路应能承受1.5倍的最大注浆压力。

3 注浆泵和注浆孔口处应安装压力表，注浆压力宜在其量程的1/4~3/4。

4 注浆塞应与所采用的注浆方式、压力及地质条件相适应，具有良好的膨胀和耐压性能。

19.1.6 注浆加固施工时，宜根据注浆量和注浆压力数据评估注浆效果，动态调整注浆参数。

条文说明

注浆过程中对注浆量和注浆压力数据评估分析时，采用自动流量和压力记录仪能直观地观测注浆参数变化，为动态调整注浆参数提供依据，避免现场操作的盲目性。

19.1.7 注浆加固作业时，宜对衬砌采取临时支撑措施。出现异常情况时，应停止注浆，查明原因并及时采取有效措施。

条文说明

注浆加固作业时，为防止注浆压力对衬砌结构造成影响，要求采取临时支撑措施。本条中的异常情况通常为两种，一种是作业中出现拱顶下沉、周边收敛、底鼓、开裂等涉及安全的情况；另一种是浆液外流，持续注入量大，压力无变化的情况。两种情况都需停止施工分析原因，采取相应措施处理完成后方可继续施工。

19.1.8 注浆过程中应加强监测，当发生串浆、堵塞排水系统、围岩或衬砌变形、危及地面建筑物、污染水源等异常情况时，宜采取下列措施：

1 降低注浆压力或采用间歇注浆。

2 改变注浆材料或调整浆液凝胶时间。

3 停止注浆，调整注浆方案。

19.1.9 注浆结束后应对原排水系统进行检查，存在堵塞、破坏现象时，应进行疏通、恢复。

19.2 围岩注浆

19.2.1 注浆前宜进行地层吸浆速度、注浆压力、配合比等参数的试验。

条文说明

地质条件对注浆效果影响大，设计提供的浆液配合比、注浆压力等参数，需要通过施工现场的试验，优化参数确保注浆效果。

19.2.2 注浆孔施工应满足下列要求：

1 应按设计进行孔位标识。

2 钻孔施工宜采用回转式钻机。

3 围岩注浆堵水且不进行泄水降压时，钻孔设备应安装防突水装置。

4 钻进过程中易塌孔时，宜采用跟管钻进工艺。

5 钻孔完成后应进行清孔。当采用水冲洗时，冲洗压力宜为注浆压力的80%且不大于1MPa。

19.2.3 注浆施工应满足下列要求：

1 注浆施工宜采用分段注浆或全段一次注浆。

2 注浆过程中冒浆时，宜采用低压、小泵量、间歇注浆等方式进行处理。

3 注浆过程中相邻孔串浆时，宜两孔同时注浆或封堵串浆孔。

4 设计终压条件下，注浆孔段吸浆率小于5～10L/min时，稳压10～20min，可停止注浆。

5 注浆结束后，应按设计要求封孔。

条文说明

1 分段注浆和全段一次注浆具体介绍如下：

(1) 分段注浆

①分段上行式注浆：注浆孔一次钻到设计全深，使用注浆塞由孔底分段向外注浆。其优点是无须重复钻孔，能加快注浆进度；但需使用性能良好、工作可靠的注浆塞。一般在岩层较稳定和裂隙、节理不甚发育的条件下采用。

②分段下行式注浆：注浆孔钻进一段压一段，由外向里反复交替，直至全深。其优点是上段注浆后，下段注浆时获得复压，填充围岩裂隙和堵水效果好。但交替进行，加大了钻孔工作量，影响注浆进度。一般在岩层破碎或裂隙极发育的条件下采用。

(2) 全段一次注浆

注浆孔一次钻至设计深度，一次完成注浆。其优点是工艺简单，由于减少装拔止浆塞工作，因而可缩短注浆施工时间。其缺点是由于一次注浆孔段增长，较难保证质量，因而要求严格执行注浆技术规定；岩层吸浆量大时，要求能力大的注浆设备；易出现不均匀扩散，影响堵水和裂隙填充效果。一般在注浆孔不太深，且岩层裂隙较均匀的条件下采用。全段一次注浆较分段注浆简易，条件适宜时通常优先考虑采用。

19.2.4 注浆结束后，宜采取钻孔取芯法对注浆效果进行检查。

19.3 衬砌背后空洞注浆

19.3.1 注浆前应对衬砌施工缝及缺陷进行检查，对可能漏浆部位进行封堵处理。

条文说明

注浆前对衬砌施工缝及缺陷进行检查，提前采取密封处理是为了保证注浆的有效性和密实性，防止注浆时产生跑浆漏浆现象，浆液大量浪费也对隧道内环境造成污染。

19.3.2 注浆孔应根据设计要求布设，并结合钻孔情况核查空洞，适当调整注浆孔位置。注浆时临近的上方注浆孔可作为排气孔和检查孔。

19.3.3 注浆孔径应与注浆管匹配，注浆管的外径宜小于孔径 10 ~ 20mm。

条文说明

本条强调了注浆孔径与注浆管径的匹配性，钻孔时衬砌上开孔尺寸满足注浆需要即可，过大的注浆孔会增加对衬砌的损伤，同时导致注浆时止浆困难，也增加了注浆完成后注浆孔封堵难度。

19.3.4 对初期支护与二次衬砌之间空洞注浆，宜采取渐进式控制钻进方式。

条文说明

初期支护与二次衬砌之间空洞回填注浆钻孔时要精细作业，尽量避免损伤原有防水板，以免引起渗漏水次生病害。

19.3.5 注浆时，应设置孔口封闭器等止浆措施。

19.3.6 在设计终压条件下，注浆孔停止吸浆，稳压 5min 后结束注浆。

19.3.7 注浆完成后，应采用防水砂浆等材料将注浆孔及检查孔封堵密实。

条文说明

封填的防水砂浆通常具有一定的膨胀性，可以避免凝固后收缩开裂，并结合衬砌表面装饰进行修饰。

19.4 施工质量控制

19.4.1 注浆加固施工质量控制项目应符合表19.4.1的规定。

表19.4.1 注浆加固施工质量控制项目

项目		允许偏差	质量控制
注浆孔	深度（mm）	不小于设计值	尺量
	孔间距（mm）	±50	尺量
	孔径（mm）	+5，0	尺量
浆液	配合比	符合设计要求	试验
	强度（MPa）	符合设计要求	试验
	填充率（%）	≥90	压力控制、稳压时间、完成时进浆量满足要求
注浆管	数量（根）	不少于设计	统计
	长度（mm）	+5、0	尺量
	排距（mm）	±10	尺量

19.4.2 应对封孔质量进行抽样检查，封孔处与衬砌表面应齐平。

20　换拱加固施工

20.1　一般规定

20.1.1　本章适用于隧道衬砌开裂、错台、变形、劣化严重时进行的换拱加固施工。

20.1.2　应根据地质条件、结构技术状况等确定换拱施工方案。施工方案应包括拆除方案、临时防护措施、衬砌施工方案、应急预案等。

条文说明

换拱加固要进行衬砌拆除，施工中需尽量减小对原衬砌及围岩的扰动，同时施工风险较大，要求施工前制订一系列的安全、技术保障措施及应急预案。

20.1.3　衬砌拆除作业时，应加强施工监控量测，并采取临时支撑等防护措施。

条文说明

衬砌拆除时的临时支撑一般设置在每次拆除段落的两侧，设置长度需综合结构技术状况、地质条件等因素确定。

20.1.4　衬砌拆除前应核查拆除段落、部位和衬砌形式，确定拆除顺序、工艺。

20.1.5　拆除衬砌宜采用机械切割、静态爆破、凿除等工艺，减少对周边围岩与衬砌的影响。

20.2　整体换拱

20.2.1　衬砌拆除前，应按设计要求对相关段落围岩进行预加固。

条文说明

对隧道较差围岩段落预加固是保障衬砌拆除施工安全的主要措施之一，故在衬砌拆除前要求施作。若为突发事件或其他原因导致需进行隧道换拱加固，且围岩条件较好，加固设计中未考虑围岩加固措施时，不受该条限制。

20.2.2 整体换拱施工应符合下列规定：

1 宜先拆除拱部后边墙，每次拆除纵向长度不宜大于2m。

2 接近不拆除段落前，宜在分界处解除纵向0.5～1m范围的衬砌，断开两段衔接。

3 钢架拆除宜采用乙炔切割。

4 拆除原初期支护后，应及时进行喷射混凝土、架设钢架、打设锚杆等。

5 衬砌混凝土宜采用模板台车浇筑施工，换拱段落短时可采用小模板浇筑施工，应满足衬砌表面平整度要求。

6 新浇筑衬砌与原衬砌相接处及围岩变化处应设置变形缝，且连接平顺。

条文说明

1 衬砌拆除施工风险大，每次拆除需控制进尺，并及时支护。

2 换拱施工为保证安全，一般不从处治段两端开始施工，而是从中间开始拆除。当拆除作业接近两端时，对交接处的一小段衬砌先行拆除，断开两段的衬砌衔接，避免拆除时对不拆除段落产生牵引作用。

3 乙炔为易燃易爆气体，乙炔切割作业人员需经培训考核后持证上岗，并按操作规程进行作业，确保施工安全。

20.2.3 隧道换拱段存在塌方、富水情况时，应进行核查，先对塌方体、富水段分别进行加固、堵水处治，再进行换拱施工，并加强监控量测。

条文说明

原隧道新建施工可能存在塌方、涌水段，而这些段落也往往是病害多发段，在进行换拱施工时需进行核查并采取措施，避免事故再次发生。

20.2.4 弃渣装运必须在拆除作业停止并确认无落石、掉块后进行。

条文说明

为保证作业人员安全，拆除施工中隧道内存在围岩、衬砌混凝土坠落风险时，严禁进行弃渣装运。

20.2.5 原衬砌拆除过程中发现渗水严重时，应及时采取堵水措施。衬砌浇筑施工前，防排水系统应恢复正常、衔接良好。

20.3 局部衬砌更换

20.3.1 原衬砌局部拆除时应注意保护背后防水板，对于破损的防水板应进行修复。

20.3.2 原衬砌局部拆除、基面处理后，应及时浇注混凝土。

20.3.3 原素混凝土衬砌与新增混凝土采用植筋连接时，植筋应牢固，锚固长度应符合要求。钢筋混凝土衬砌拆除时宜预留原环向、纵向钢筋，与新增钢筋绑扎连接。

条文说明

置换混凝土与原衬砌混凝土需结合牢靠，除混凝土自身黏结外，还需要借助钢筋作用。钢筋混凝土衬砌中已配置钢筋可加以利用，与素混凝土区别对待。

20.3.4 新浇筑混凝土衬砌应表面平整，并与原衬砌平顺相接。

条文说明

局部衬砌更换一般范围较小，多采用小模板进行混凝土浇筑施工，其缺点是衬砌表面平整度不易控制，为满足要求需精细作业。

21 隧底加固施工

21.1 一般规定

21.1.1 本章适用于隧底换填、增设仰拱、仰拱补强、仰拱加深、基底桩基、隧底注浆等加固施工。

21.1.2 隧底结构重新施作前应排干积水，清除杂物、虚渣及软化岩层等，必要时可采取井点降水、机械排水等措施。

21.1.3 隧底开挖前应设置锁脚锚管（杆）、横撑等防护措施稳定墙脚，保护衬砌结构的安全。

条文说明

拆除仰拱或增设仰拱施工时需进行隧底开挖，拱脚部位临空面稳定性降低，为防止上部结构变形过大或失稳，开挖前通常先稳定衬砌墙脚。

21.1.4 隧底加固施工损坏或拆除原排水系统时，路面下方回填施工应先施工排水沟（管）、盲沟等排水工程，新旧排水工程衔接应顺畅。

21.1.5 树根桩、灰土桩、旋喷桩施工前宜进行试桩，取得相关参数。

条文说明

桩基施工初期一般要进行试桩，其目的是：①检验施工工艺（主要是成桩工艺）是否可行；②验证设计参数的可靠程度及承载能力是否能够达到设计要求。

21.1.6 隧底注浆时，应控制注浆压力，防止压力过大对原结构造成损伤。

21.2 隧底换填

21.2.1 隧底换填开挖距基底高程200～300mm时宜采用人工开挖，超挖部分应采用同种换填材料回填。

21.2.2 换填开挖前，应完成锁脚、临时支撑等措施，每次开挖长度宜为3～5m。

条文说明

每次隧底开挖长度与一模衬砌长度有关，原则上不大于一模衬砌长度的一半。

21.2.3 开挖后隧底不得积水和长期暴露，应及时回填并施作仰拱。

条文说明

隧底换填不能在浸水条件下施工，隧底有积水时，通常采用降低地下水位或引排等措施排除积水。同时基底为软弱围岩时，会因为暴露时间长而干缩、崩解，开挖施工后需尽快回填，避免对上部结构造成影响。

21.2.4 隧底换填有集中出水点时，应采取引排或封堵措施。

21.3 增设仰拱、仰拱补强、仰拱加深

21.3.1 隧底开挖时应满足下列要求：

1 开挖前应按设计要求施作锁脚、临时支撑等措施。

2 路面及基层宜采用机械开挖；爆破开挖时，应采用小药量预裂爆破或静态爆破。

3 开挖作业不得影响隧道结构安全，每次开挖长度不宜超过3～5m。

4 拆除过程中，应加强监测，发现异常及时采取措施。

21.3.2 锚杆、隧底注浆与增加仰拱厚度一并使用时，应符合下列规定：

1 锚杆施工前宜进行锚杆抗拔试验，锚固力应达到设计要求。

2 施作完成后，再进行仰拱基面处理，浇筑钢筋混凝土加厚层。

21.3.3 仰拱混凝土宜整体模筑、振捣密实，并做好与原结构的衔接及接缝处理。

21.3.4 仰拱加深施工时，隧底开挖深度应满足设计曲率要求。

21.3.5 仰拱填充应在仰拱混凝土强度达到70%后进行，填充用片石混凝土中片石量不应超过20%，片石间距应大于粗集料的最大粒径，应分层摆设，浇筑混凝土后应振捣密实。

21.4 树根桩加固

21.4.1 树根桩宜采用湿钻法成孔，钻孔的位置、倾角、深度应满足设计要求。

21.4.2 孔口1.0～2.0m范围内宜设置套筒，钻至设计桩长以下100～200mm后，进行清孔。

条文说明

一般情况下仅在孔口附近设置套筒，保证孔口处土方不致塌落。对于端承桩或地下水流速较大可能影响浇筑质量时，均采用全长设置套筒。

清孔时对孔内泥浆要清洗置换，控制钻机水位，直至孔口基本溢出清水为止。

21.4.3 桩体钢筋笼宜整根吊放，易发生缩孔时可设置通孔器；灌注施工时，灌注管应直插至孔底，采用间隔施工、间歇施工或增加速凝剂掺量等措施，防止相邻桩孔移位和串孔。

21.4.4 采用填石料注浆施工时，应符合下列规定：

1 采用细石填料时，其粒径应为10～25mm，投入量不应小于计算桩孔体积的0.9倍，注浆管应预先插至孔底。

2 采用一次注浆时，起始注浆压力不宜小于1MPa，待浆液经注浆管从孔底压出后，注浆压力可调整为0.1～0.3MPa，直至浆液溢出孔口停止注浆。

3 采用二次注浆时，应在一次注浆浆液初凝后进行，注浆压力宜为1～3MPa。

4 注浆施工应采用间隔、间歇施工或缩短浆液凝结时间等措施，防止冒浆和窜孔。

5 注浆拔管后应在桩顶填充碎石，并在桩顶1～2m范围内补充注浆，桩顶高程应满足设计要求。

条文说明

3 采用二次注浆的树根桩，需插两根注浆管。采用较大压力是为了克服初凝浆液的凝聚力并剪裂周围土体，从而产生劈裂现象。浆液的初凝时间根据水泥品种和外加剂掺量确定，一般控制在45～60min范围。

5 树根桩施工注浆拔管后孔内混凝土和浆液面会下降，为使桩顶高程满足设计要求提出在桩顶填充碎石和补充注浆的规定。

21.4.5 浆液易流失地层，宜采用导管灌注细石混凝土，桩顶高程应满足设计要求。

21.5 灰土桩加固

21.5.1 成桩工艺应根据加固设计要求、土质条件、现场条件和机具供应情况选择，可选用螺旋钻法、振动法等工艺。

条文说明

采用螺旋钻成桩法有下列特点：①螺旋钻成桩正转时将部分土带出地面，部分土挤入桩孔壁而成孔。同时，可根据成孔时电流大小和土质情况，检验场地情况与原勘察报告和设计要求是否相符。②钻杆达设计要求深度后，提钻检查成孔质量，清除钻杆上泥土。③把整根桩所需填料按比例分层堆在钻杆周围，再将钻杆沉入孔底，钻杆反转，叶片将填料边搅拌边压入孔底。钻杆被压密的填料逐渐顶起，钻尖升至离地面1～1.5m或预定高程后停止填料。

振动法分管内填料成桩和管外填料成桩，采用管内填料成桩法时，为防止生石灰膨胀堵住桩管，需加压缩空气装置及空中加料装置；管外填料成桩要控制每次填料数量及沉管的深度。

成桩一般采用螺旋钻法。采用振动法时，需做模拟现场试验或现场试验，试验分析成桩对隧道的扰动影响，看是否影响隧道的稳定，并结合工期等，综合分析选择。

21.5.2 灰土桩施工宜由墙脚向行车道中间隔孔进行，必要时可纵向分段进行，成孔后应夯实孔底，及时夯填灰土。

条文说明

灰土桩施工纵向分段进行，是为了避免因挤压造成相邻孔缩孔、塌孔。

21.5.3 灰土桩应分层回填密实，每层回填料厚度不宜大于300mm，桩顶应采用灰土填实。

21.5.4 铺设桩顶垫层前，应按设计要求将桩顶高程以上的预留松动土层挖除或夯（压）密实。

21.5.5 施工过程中，应监测成孔、回填料质量及夯实效果。

21.6 钢管桩加固

21.6.1 钢管选材、直径、壁厚应符合设计要求，钢管装卸、运输、堆置时，应避免冲击、振动损伤，并防止变形。

条文说明

钢管桩施工，要尽量减少钢管的装卸、运输次数，其堆放层数通常不大于3层。钢管储存处，地基要坚实而平坦，排水通畅，无沉陷现象，避免变形，尤其要注意钢管两端变形，如为大口径钢管，必要时需加装防止变形设备。

21.6.2 钢管桩沉桩应符合下列规定：

1 应根据地质条件、施工场地情况合理选择沉桩工艺、机械、钢管桩分节长度，沉桩宜采用旋转成孔、静压等工艺。

2 沉桩采用静压、锤击方式时，桩头应设置桩帽。

3 沉桩顺序应按先中间后两边进行。

4 锤击沉桩时应采取减震措施；静压沉桩宜一次性将桩压到底。

条文说明

钢管桩沉桩方式要以施工震动对隧道无明显影响为原则，一般采用对隧道结构基本没有影响的旋转成孔、静压等方式。钢管桩沉桩方式还有锤击方式，这种沉桩方式可能对隧道稳定影响较大，因此需做模拟现场试验或现场试验，分析成桩扰动是否影响隧道结构稳定，结合工期、安全要求等因素择优选择。

21.6.3 钢管接头焊接前应对端头进行缺陷修整并清理干净，应采用多层焊；焊接完成后应冷却不少于5min，再进行施工。

条文说明

钢管接头焊接通常采用二氧化碳气体保护自动焊、半自动二氧化碳气体保护焊及手工电弧焊等工艺。施工环境温度低于0℃时，通常对焊口两侧各100mm范围进行预热后，再进行焊接。

21.6.4 钢管内注浆成桩时应进行现场试验，进一步确定注浆压力、浆液配比、凝结时间等。

21.7 旋喷桩加固

21.7.1 旋喷桩施工工艺可采用单管法、二重管法、三重管法，应按成桩直径、地质条件选用。

条文说明

旋喷桩的基本工艺类型有：单管法、二重管法、三重管法和多重管法等四种方法，其中多重管法国内较少采用。在不同的地质条件下各种工艺成桩直径有较大区别，同时四种工艺在同一种土体中成桩直径也差别较大，要按照设计的相关要求采取相应的工艺。

21.7.2 成孔宜选用专用钻机。单管法成孔直径不宜大于500mm，二重管法成孔直径不宜大于750mm，三重管法成孔直径不宜大于900mm。

21.7.3 高压喷射注浆工序宜为机具就位、贯入喷射管、喷射注浆、拔管和冲洗等。

21.7.4 喷射孔与高压注浆泵的距离不宜大于50m，应从下而上逐渐提升进行注浆，喷射管分段提升的搭接长度不应小于100mm。

条文说明

为防止间断注浆导致桩体不连续，两次喷射范围需进行搭接。

21.7.5 注浆过程中出现压力骤然升降或冒浆等异常情况时，应停止注浆，查明原因后再继续施工。

21.7.6 隧底未设置仰拱时，距桩顶1.0m应慢速提管，并在距桩顶500mm时停止喷浆，应及时拔出注浆管；隧底设置仰拱时，距仰拱底部0.5m应慢速提管。

条文说明

土质隧道一般会设置仰拱结构，但也有少量土质隧道因未设置仰拱而产生隧底病害。条文中的未设置仰拱时，距桩顶1.0m，一般是以既有路面底面高程为桩顶。

21.7.7 为防止浆液凝固收缩影响桩顶高程，可在原孔位进行第二次注浆。

21.8　隧底注浆

21.8.1　隧底注浆工艺应按照本规范第19.2节相关要求执行。

21.8.2　隧底注浆宜在基底开挖、拆除仰拱前进行。

条文说明

先进行隧底注浆能改善地基条件，有利于结构稳定，减少施工干扰，故对注浆时机进行规定。

21.8.3　注浆达到设计终压且吸浆率在5～10L/min时，稳压10～20min后，可结束注浆。局部需要扩大加固范围或提高强度时，可重复注浆。

21.9　施工质量控制

21.9.1　底部换填施工质量控制项目应满足表21.9.1的要求。

表21.9.1　底部换填施工质量控制项目

项目		允许偏差	质量控制
开挖	平面位置	符合设计要求	尺量
	尺寸（mm）	不小于设计值	尺量
	基底高程（mm）	符合设计要求	水准仪、尺量
基底	地质情况	与设计吻合	照片、影像和地质描述，与设计地质报告对比
	承载力（MPa）	不小于设计值	荷载试验
回填料	材料要求	符合设计要求	试验
换填后	承载力（MPa）	不小于设计值	回填密实度达到要求、荷载试验

21.9.2　基底桩孔施工质量控制项目应满足表21.9.2的要求。

表21.9.2　基底桩孔施工质量控制项目

项目		允许偏差	质量控制
桩孔	平面位置（mm）	50，0	尺量
	孔间距（mm）	±50	尺量
	深度（mm）	不小于设计值	尺量
	孔径（mm）	+5，0	尺量
	孔数（个）	不小于设计值	计数
	施工允许倾斜（mm）	小于桩长的1%	经纬仪、全站仪

21.9.3 树根桩、钢管桩、高压旋喷桩施工质量控制项目应满足表21.9.3的要求。

表21.9.3 树根桩、钢管桩、高压旋喷桩基施工质量控制项目

项目		允许偏差	质量控制
桩基	桩身强度（MPa）	符合设计要求	预留混凝土试样试验、取芯试验
	竖向承载力（MPa）	符合设计要求	静载试验

21.9.4 灰土桩施工质量控制项目应满足表21.9.4的要求。

表21.9.4 灰土桩基施工质量控制项目

项目		允许偏差	质量控制
桩基	桩身强度（MPa）	符合设计要求	灰土性能、回填密实度、地下水满足要求
	地基承载力（MPa）	不小于设计值	试验

22 洞口工程加固施工

22.1 一般规定

22.1.1 本章适用于洞门结构、洞口边仰坡、洞口安全影响区的加固施工。

22.1.2 洞口工程加固施工宜避开雨季、融雪期及严寒季节。

22.1.3 加固施工前应按设计要求，先加固边仰坡，清除边仰坡以上不稳定坡体、危石等，施工过程中应同时监测边仰坡的稳定性，发现有失稳趋势时应及时采取措施。

条文说明

当洞口山体存在局部土石失稳或有危石时，要在其他工程施工前采取处理措施，确保洞口工程加固施工的质量和安全以及运营安全。

22.1.4 洞口工程加固采取洞内和洞外综合治理措施时，宜先进行洞外工程处治。

22.1.5 洞口存在滑坡、泥石流等地质灾害时，应对其进行专项治理后再进行其他工程施工。

条文说明

洞口可能发生滑坡、泥石流等较大地质灾害，一旦发生危险对作业人员安全及加固工程质量将带来较大影响，虽然其一般治理时间较长，仍要求先行施工。

22.2 洞门结构加固

22.2.1 洞门墙加固施工应符合下列规定：

1 基础承载力不足造成洞门结构病害，应先进行基础加固施工。

2 洞门墙拆除宜采用机械、静态爆破等方式进行，施工如需爆破，应采取微震动控制爆破，桥隧相接处隧道洞门墙拆除施工前应对桥梁结构体进行防护。

3 采用增大截面法加固洞门时，应先对原砌体结构或混凝土洞门墙的裂缝进行修补，并做好新旧结构间的连接。

4　扩大基础、增设桩基等施工时，应采取相应的临时支撑措施。增设结构体应与原墙体连接紧密、牢靠。

5　洞门墙面渗漏水严重时，加固施工前应先在墙体底部增设泄水孔引排，泄水孔应与洞外排水系统连通。

条文说明

1　当地基承载力不足造成洞门墙开裂，需拆除墙体时，先拆除再按要求进行基础加固后，重新施作洞门墙；不需要拆除墙体时，地基处理施工时要做好洞门墙的实时监测，确保施工安全，然后进行洞门墙的修补工作。

2　桥隧相接处洞口墙拆除，需确保桥梁上部及下部结构的安全，避免造成桥墩、梁、桥台等结构的损坏。

3　进行增大截面施工后，原结构的缺陷成为隐蔽部分，故要求先行施工。

5　洞门墙上泄水孔一般设置在较低位置，避免对洞口景观造成影响。若设置位置较高通常要进行遮挡。

22.2.2　接长明洞、棚洞施工应符合下列规定：

1　应现场核查接长明洞、棚洞段地基承载力是否满足设计要求，不满足时应进行地基处理。

2　新增明洞、棚洞与原结构相接处，应做好接缝防水措施及新旧防水板的黏结。

3　新增明洞、棚洞拱圈混凝土达到设计强度后，应由人工对称分层夯实回填至拱顶1m以上后，方可采用机械分层回填，每层厚度不宜大于0.3m。

条文说明

1　为避免新增结构产生开裂沉陷等病害，施工前要核查接长明洞、棚洞段地基承载力是否达到设计要求。

2　新旧结构接缝位置的防水要精细作业，避免出现渗漏水问题。

3　为确保新增结构不致在回填过程中遭受损坏，规定此款。

22.2.3　装饰修复施工应符合下列规定：

1　洞门装饰修复应在墙体结构加固及基面处理完成后进行。

2　对洞门装饰进行部分修复时，应清除原洞门装饰不牢固或破损部分。

3　装饰应做到平整、美观，无空鼓。

条文说明

洞门装饰修复需根据设计要求的装饰材料，采用相应的方法施工，尽量选择同类或类似装饰材料，不能采用反光炫目的装饰材料。施工期间要减少对洞口绿化的破坏，施工后恢复洞口景观。

22.3 洞口边仰坡加固

22.3.1 边仰坡加固施工应先完善边仰坡顶部排水系统，根据现场情况可设置临时排水设施。

条文说明

洞口可能出现的水体包括坡面渗水、泉水、雨水等，施工期间的排水措施需充分考虑各种情况，避免水流对洞口坡体、基础造成破坏。

22.3.2 边仰坡加固施工需重新刷坡时，宜自上而下进行，并及时防护；不需刷坡时，可自下而上进行加固施工。

22.3.3 边仰坡宜采用机械、人工开挖，需爆破施工时，应采取控制爆破。

条文说明

土质及软岩地层通常采用挖掘机直接开挖，配合人工清理边仰坡开挖面。

22.3.4 洞口工程加固施工完成后，应按设计要求进行绿化施工。

条文说明

洞口施工要尽量较少破坏原有景观，设计有相关要求时，加固施工完成后按设计文件完成景观施工，做到整洁、自然，与周边环境相协调。

22.3.5 防护用的主、被动防护网应采用成品材料，钢丝绳网的编织应满足下列要求：

1 应为上下交错编织。

2 编制成网的钢丝绳不得有断丝、脱丝现象。

3 交叉节点处应用扣压件固定，接头处应用搭接件压接，不得遗漏，钢丝绳露出搭接件长度不应小于10mm。

4 编网时扣压件和搭接件应用机械压接，表面不得有破裂和明显损伤，应满足受力要求。

5 网的形状应平整，网绳不得有打结和明显扭曲现象。

22.3.6 主动防护网防护施工应满足下列要求：

1 应先清除防护区域的浮土、浮石，再进行锚杆施工。

2 应在锚杆抗拔力达到设计要求后，进行纵、横向支撑绳安装。

3 纵、横向支撑绳安装时，应穿过锚杆尾部的环套，进行张拉后两端应用绳卡与环套固定连接。

4 宜由上向下铺设钢丝绳网，钢丝绳网间搭接不应小于50mm，并采用缝合绳连接；每张钢丝绳网均应采用缝合绳与支撑绳进行缝合并张拉，缝合绳宜为1整根。

5 宜对支撑绳进行二次张拉，张拉力不宜小于5kN。

22.3.7 被动网防护施工应满足下列要求：

1 钢柱埋置基坑开挖至设计深度后，设置锚杆、地脚螺栓并浇筑基座混凝土。

2 基座混凝土达到设计强度后，将基座套入地脚螺栓并用螺帽拧紧。

3 钢柱底部放入基座后，应插入连接螺栓并拧紧。

4 应在减压器（环）准确就位后，拉紧支撑绳并用绳卡固定。

22.3.8 当洞口区采用主、被动防护网综合防治时，宜先施作主动防护网防护，再施作被动防护网防护。

条文说明

为降低施工风险，要求先施作主动防护网，后施作被动防护网，防止被动网施工过程中有落石或其他掉落物伤害施工人员。

23 渗漏水处治施工

23.1 一般规定

23.1.1 本章适用于隧道衬砌渗漏水病害处治施工。

23.1.2 施工前应进行渗漏水的位置、状态、水量等情况的现场核对。

条文说明

隧道渗漏水施工前通常对渗漏水的位置、规模现场进行核对，检查病害有无发展，并对渗漏水逐一编号记录，绘制渗漏水分布图。与设计资料进行比较，不符时需向业主、设计、监理单位汇报，及时做出调整。

23.1.3 渗漏水处治施工时，应先清除原衬砌表面的附着物及衬砌劣化部分，清除范围应较处治范围增大100～250mm。

23.1.4 有降水和排水要求时，应先完成降水、排水工作。衬砌渗漏水处治施工应按先拱后墙的顺序进行，宜少破坏原结构和防水层。

23.1.5 新增的排水管应引至排水沟中，并做好排水管的保护。

条文说明

进行隧道衬砌渗漏水处治时，为避免拱墙处渗漏水引至墙脚后任其漫流，导致路面湿滑，造成行车安全隐患，故在此明确排放要求。

23.1.6 渗漏水处治过程中应及时检查治理效果，不满足要求时应采取补救措施。

条文说明

渗漏水处治的很多工序属于隐蔽工程，如嵌缝作业的基面处理、注浆工程等，关系到防水效果，要做好施工中的记录工作，并随时进行检查，发现问题及时处理，上道工序未经验收合格，不能进行下道工序施工，保证处治效果。

23.1.7 抗渗堵漏材料应按材料说明书要求配制，并根据现场试验结果调整配合比和施工工艺。

条文说明

抗渗堵漏材料性能与其配置环境、配合比等密切相关，通常经过现场试配试验，了解材料性能及其对现场环境的适应性，将试验结果反馈给厂家进行材料性能的调整。

23.2 止水法

23.2.1 施工前，应先进行基面处理，宜采用电动切割，凿出倒梯形槽且槽底面应平整。

23.2.2 采用沟槽注浆止水应符合下列规定：

1 钻孔应钻至设计深度，不宜超过衬砌厚度的2/3。

2 注浆前应采用填充材料对槽内缝口进行封闭。

3 宜采用恒压注浆泵进行，注浆顺序应由下而上，低压慢注。

4 注浆后待缝内浆液初凝、不外流时，方可拆下注浆嘴封口抹平。

条文说明

1 衬砌厚度一般不均匀，施工中需精细作业，防止局部衬砌较薄钻进过深损伤原有防水板。

23.2.3 沟槽内封填材料应填充密实，固化后宜在修复区域表面涂刷防水层。

23.3 导水法

23.3.1 施工前，应先进行基面处理，宜采用电动切割，凿出倒梯形槽且槽底面应平整。

23.3.2 埋设导水管施工应符合下列规定：

1 钻引水孔应钻至设计深度，引水孔孔口应能与导水管连通。

2 应根据设计要求埋设导水管，导水管应采用锚钉固定件等材料与原结构固定牢固。

3 填充封闭材料前，宜先对导水管两侧进行封边止水。

条文说明

导水法处治渗漏水时，排水管位置尽量与渗漏水位置重合。若渗漏水位置延伸极不规则，无法重合时，通常配合引水孔或其他措施进行引水，避免处治施工不彻底。

23.3.3 沟槽内封填材料应填充密实，固化后宜在修复区域表面涂刷防水层。

23.3.4 外置式导水管应覆盖渗漏水点，与衬砌固定牢固、封边密实不渗水。

23.4 喷射法、涂层法

23.4.1 喷射、涂层之前，应先进行基面处理，对于集中渗水点应进行排、堵处治。

23.4.2 防水层应分层施工，待上层指干后再喷涂下一层，各层应均匀，不得漏喷、漏涂，应牢固附着于衬砌混凝土。

23.4.3 应在环境温度符合材料要求时进行施工，并做好施工通风。

23.4.4 防水层应根据所用材料要求进行养护。

23.5 降低水位法

23.5.1 无仰拱地段加深水沟施工时，应符合下列规定：

1 宜先加强对边墙基础的保护，宜采用机械开挖。

2 施工中，应汇集既有水沟中水流，将水抽送至未施工段落或洞外。

23.5.2 排水钻孔、水沟开挖施工应加强对原排水管与电缆沟槽的保护。

23.5.3 泄水洞临近或穿越隧道施工时，应符合下列规定：

1 宜采用机械或控制爆破开挖。

2 应加强监测，必要时对运营隧道采取交通管制措施。

3 应及时施作泄水洞衬砌结构。

23.6 施工质量控制

23.6.1 渗漏水处治施工质量控制应满足表 23.6.1 的要求。

表 23.6.1 渗漏水处治施工质量控制

控制项目		规定值或允许偏差	控制措施
导水管、防水涂料、防水板材、注浆材料		符合设计要求	检验出厂合格证、质量检验报告、计量措施和试验报告
导水法、沟槽充填止水法、沟槽注浆止水法	开槽尺寸、质量	符合设计要求	观察、尺量
	设置位置	符合设计要求	尺量
沟槽注浆止水法	注浆效果	符合设计要求	渗漏水量测，必要时采用钻孔取芯、压水（空气）
	孔径、孔距 注浆控制压力和进浆量	符合设计要求	检查隐蔽工程验收记录
喷射、涂层法	厚度	平均厚度应符合设计要求，最小厚度不得小于设计值的 85%	观察法、针测法或尺量
	涂料防水层与基层黏结	符合设计要求	基面处理、防水层涂刷满足要求

23.6.2 外观控制应符合下列规定：

1 处理后衬砌表面应不渗水。

2 引、排水系统应通畅。

3 防水层应平整、黏结牢固，无脱落、开裂等缺陷。

24 裂缝处治与表面缺陷修补施工

24.1 一般规定

24.1.1 本章适用于隧道衬砌裂缝处治及表面缺陷修补施工。

24.1.2 施工前应对隧道衬砌裂缝及表面缺陷进行现场核查。

条文说明

隧道衬砌裂缝及表面缺陷处治施工前，通常对裂缝及表面缺陷的位置、数量进行现场核对，核查病害有无发展，并对裂缝及表面缺陷逐一编号记录，绘制展布图，与设计资料进行比较，不符时需及时做出调整。

24.1.3 宜对结构性病害进行处治后，再进行裂缝处治与表面缺陷修补施工。

条文说明

本条对于裂缝处治施工时间做出了规定，当采用围岩注浆、隧底加固等措施时，需在改善结构受力后进行裂缝处治；当采取套拱、喷射混凝土等衬砌加固措施时，避免衬砌加固后裂缝处治无法操作，故不受本条限制，先处治裂缝，再进行结构加固。

24.1.4 裂缝有渗漏水时，应先进行渗漏水处治后再进行裂缝处治。

条文说明

一般裂缝修补胶在潮湿环境下固化不良，因此裂缝处治前，先进行渗漏水处治，使裂缝黏合面的含水率满足修补胶使用要求，否则达不到预期效果。

24.2 裂缝处治施工

24.2.1 裂缝处治施工前，应对缝口表面进行处理，使基面平顺、干燥、无附着物，处理范围沿裂缝两侧宽度均不应小于50mm。

条文说明

裂缝缝口表面处理工艺如下：

（1）采用喷砂机或砂轮清理混凝土表面，露出坚实平整的混凝土，清除表面浮尘，清理范围以裂缝中心位置向两侧拓宽不小于 50mm 为原则。

（2）清除裂缝内的灰尘及杂物。

24.2.2 表面封闭法处治时，裂缝封闭胶涂刮后应完全覆盖缝口处理范围，涂胶次数不少于 3 次，直至封闭裂缝通道。

24.2.3 注射法施工应符合下列规定：

1 应沿裂缝走向布置注胶嘴，在裂缝交叉点、裂缝较宽处和端部应预设注胶嘴。

2 宜骑缝进行注胶孔钻孔，根据注胶效果适当调节钻孔深度，埋设注胶嘴。

3 用环氧胶泥封闭裂缝表面，缝口表面应封闭均匀、黏结牢固，不漏气。

4 注射宜采取低压慢注方式，压力宜为 0.1 ~ 0.3MPa，施工中可根据工程实际情况适当调整注胶压力。对于贯通性裂缝出现漏胶情况，应停止施工，调整注胶参数。

5 环向、斜向裂缝注胶应自下而上进行，当进胶速度小于 0.05L/min 时，再继续灌注 5min 后停止压胶。

6 开槽注胶应按设计尺寸骑缝开槽至裂缝末端，填充封闭时，槽内应清理干净，填充密实。

7 应在填充材料强度达到要求后进行注胶。

条文说明

注射法作业程序一般如下：

（1）封口处理：注浆前对裂缝进行高压风清缝处理。

（2）埋设粘贴注胶嘴：针筒注胶嘴间距一般为 100 ~ 300mm，机控注胶嘴间距一般为 300 ~ 500mm。每一条裂缝至少有一个注胶嘴、排气嘴、出浆嘴。

（3）封闭裂缝：不开槽时，采用封闭材料压抹平整；需开槽时，开槽后采用封闭材料填平。

（4）裂缝封闭效果检查：裂缝封闭后进行压气试漏，检查密闭效果。压气试漏需待封缝胶泥或砂浆有一定强度时进行。试漏前沿裂缝涂一层肥皂水，从注胶嘴通入压缩空气，对于漏气位置修补密至不漏气为止。

（5）压力注胶：待最后一个注胶嘴冒胶后，保持恒压继续压注，满足终压条件时停止注胶。

（6）质量检查：注胶结束后检查补强效果和质量，发现缺陷及时补救。

24.3 表面缺陷修补施工

24.3.1 修补前应先对缺陷部位进行处理，凿除劣化及松动混凝土，进行钢筋除锈，保证基面干净，应按设计要求涂刷界面剂。

24.3.2 聚合物改性水泥砂浆修补施工应符合下列规定：

1 处治前应充分浸润清理后的基面，分层涂抹、喷射聚合物砂浆，分层厚度不宜大于10mm。

2 聚合物改性水泥砂浆施工环境温度宜为5～25℃，高温或寒冷季节应采取有效措施控制施工温度。

3 聚合物改性水泥砂浆修补施工过程中应避免振动，终凝前应采取喷涂养护剂养护，防止开裂。

4 聚合物改性水泥砂浆原材料应妥善存放，受潮硬化后不得使用。

条文说明

聚合物改性水泥砂浆的施工工艺要求如下：

（1）在涂抹聚合物改性水泥砂浆前2h，用水冲洗待修补部位的混凝土表面，使混凝土表面处于充分湿润状态，但表面不能有明水。

（2）采用机械拌和，在修补施工前，将拌好的聚合物改性水泥砂浆放置5min后略加搅拌即可使用，拌好的物料在1h内用完。

（3）人工修补时，首层需压紧、压实，若修补厚度大于20mm，分层压涂，各层施工一般间隔3～4h。

24.4 施工质量控制

24.4.1 采用注射法施工，应在裂缝封闭固化后进行压气试验，压气试验应符合下列规定：

1 试验前应沿裂缝涂一层肥皂水，再从注胶嘴压入空气。

2 注胶嘴中气压达到0.3MPa，部分注胶嘴仍不通气时，应重新埋设注胶嘴，并缩短其间距。

24.4.2 采用注射法施工，修复胶达到固化期时，应钻取芯样进行检验。

24.4.3 钻取芯样应符合下列规定：

1 取样的数量应按裂缝注射分区确定，每区不应少于2个芯样。

2 芯样应骑缝钻取，但应避开内部钢筋。

3 芯样的直径不应小于50mm。

4 取芯造成的孔洞，应立即采用强度等级较原构件提高一级的细石混凝土填实。

24.4.4 芯样检测应采用劈裂抗拉强度测定方法，检验结果应符合下列条件之一：

1 沿裂缝方向施加的劈力，其破坏应发生在混凝土内部。

2 裂缝修补界面破坏面积不大于破坏总面积的15%。

条文说明

劈裂抗拉强度测定方法按现行《混凝土结构加固设计规范》（GB 50367）执行。

24.4.5 应对表面缺陷处治的混凝土进行抗压强度试验；新旧混凝土结合处宜采用敲击法进行空洞检查，修补的混凝土较厚时可采用钻芯法检查。

条文说明

新旧混凝土的结合情况检测通常采用敲击法和钻芯法：

（1）敲击采用小锤轻轻敲击新浇筑混凝土表面，若有空响声，表明新旧混凝土界面结合不好。此法适用于较薄混凝土的修补检测。

（2）钻芯法通过钻取小芯样，直接观察混凝土的密实情况和新旧混凝土之间的结合情况。也可通过芯样劈裂试验，来评判新旧混凝土之间的黏结强度是否满足加固要求。

24.4.6 混凝土缺陷修补后表面应平整，无裂缝、脱层、起鼓、脱落等现象，应与基面结构黏结牢固，修补处表面与原结构表面色泽应基本一致。

25 冻害处治施工

25.1 一般规定

25.1.1 本章适用于由气候寒冷引起的隧道衬砌壁面挂冰、路面结冰、衬砌局部剥落等冻害处治施工。

25.1.2 施工前应调查隧道冻害情况，冻害处治施工宜避开冬季。

25.1.3 冻害严重需要进行结构加固的隧道，宜先进行结构加固施工，再进行隧道防冻处治施工。

条文说明

加固施工中包括衬砌结构加强与冻害处治时，通常先施工结构加强部分，再进行冻害处治；若为套拱、换拱加固衬砌且采用中间铺设防冻层进行冻害处治时，不受此条限制。

25.1.4 有渗漏水的隧道，应先进行渗漏水处治，再进行防冻处治。

条文说明

渗漏水是导致冻害的主要原因之一，处治渗漏水后再进行冻害处治，是为保证处治措施的有效性。

25.1.5 隔热防冻法施工前应先进行基面处理，并完成固定件安装，基面应坚实、平整，无渗漏水。

条文说明

基面处理时需清除尖锐突出物，打磨平整错台和凹凸不平部位，凿除并修复冻融导致的衬砌劣化部分，达到基层坚实、平整，无渗漏水的效果。

25.1.6 隔热防冻法原料储存库房及施工现场应配备消防器材，做好防火措施。

条文说明

隔热防冻法采用的原料多为可燃性物质，储存库房及施工现场消防安全非常重要，本条进行强调。

25.2 整体隔热防冻法

25.2.1 整体隔热防冻法可包括表面喷涂、表面铺设、中间铺设等防冻施工方法。

25.2.2 表面喷涂防冻层施工时，应符合下列规定：

1 喷涂施工时的环境温度宜为 10～35℃，风速不应大于 5m/s，相对湿度应小于 80%。

2 喷嘴距作业面的距离应根据喷涂设备的压力确定，不宜超过 1.5m；应在上一层喷涂的隔热防冻层表面不粘手后，再喷涂下一层。

3 喷涂后的隔热防冻层应充分熟化 48～72h 后，再进行下道工序的施工。

4 喷涂保温材料应连续、饱满，隔热防冻层表面平整度偏差不应大于 6mm。

5 用砂浆乳液修饰喷涂隔热防冻层挂网时，搭接宽度不应小于 100mm；钢丝网应平整，紧贴防冻层，固定牢靠。

6 喷涂作业时，隧道洞口宜遮蔽防风。

条文说明

表面喷涂防冻层的施工工艺如下：

（1）检查隧道二次衬砌表面的平整度。对于衬砌表面的尖锐突出物要清除；对于衬砌混凝土板与板之间接缝处的错台和凹凸不平部位要凿除并打磨平整；对于大面积的空鼓、开裂和粉化层，需清除并修补。空鼓、开裂面积小于 0.1m×0.1m 时，采用找平材料对其进行找平。空鼓、开裂面积大于 0.1m×0.1m 的部位需剔除。

（2）清除隧道二次衬砌表面污物。要求隧道二次衬砌表面无浮尘、滴浆、油污、空鼓及翘边等，基层干燥、坚实平整；对于潮湿壁面和透水壁面先进行防潮和防水处理；如有必要时，隧道二次衬砌表面雾喷墙体基层界面剂。

（3）现场将保温材料喷涂到隧道二次衬砌表面。现场发泡完后使用机械喷涂，按控制线将保温材料喷涂到隧道二次衬砌表面，厚度控制为设计厚度，并允许有 ±6mm 的误差，喷涂保温材料时要连续、饱满，无断层现象。对洞口进行遮蔽，防止泡沫飞溅污染环境，保护施工人员。待喷涂的保温材料充分熟化后，对隔热防冻层表面进行刨削打磨。

（4）喷涂层表面挂网。将热镀锌钢丝网用无铆钉固定牢靠，无铆钉间距通常为 500×500mm。

（5）喷涂层表面涂抹界面剂。在挂完钢丝网的喷涂层表面辊涂界面剂，横竖各辊涂一遍，要均匀一致，勿漏辊涂。

(6) 喷涂层表面砂浆修饰。采用聚合物砂浆乳液，在挂完网并辊涂界面层的喷涂层表面涂抹5mm厚，进行修饰。

(7) 隧道防火处理。在砂浆修饰层表面喷涂两层隧道专用防火涂料。

25.2.3 表面铺设防冻层施工时，应符合下列规定：

1 定位放线应准确，膨胀锚栓与二次衬砌应连接牢固。

2 骨架搭接长度不应小于100mm。

3 骨架的龙骨应按自下而上顺序安装，安装偏差不应超过5mm。

4 龙骨与饰面板之间应连接牢固，使施工面能随二次衬砌表面圆滑过渡。

5 安装保温板材时应用发泡胶封堵缝隙。

6 施工现场风力大于5级时，不宜搬运和安装保温板。

7 保温板铺设完成后应安装防火板，防火板接缝应完全封闭、表面平整。

条文说明

表面铺设防冻层的施工工艺如下：

(1) 检查隧道二次衬砌表面的平整度和渗漏水情况。清除衬砌表面的尖锐突出物；对于衬砌混凝土接缝处的错台和凹凸不平部位凿除并打磨平整；对于渗漏水的部位进行防水处理。

(2) 清除隧道二次衬砌表面污物。隧道二次衬砌表面无浮尘、滴浆、油污、空鼓及翘边等现象，基层干燥、坚实、平整；对于潮湿壁面和透水壁面先进行防潮和防水处理，保证衬砌表面平顺、干燥，才能安装保温板。

(3) 按预制保温板的尺寸，在隧道二次衬砌表面测位、放线、打眼，并安装膨胀锚栓。

(4) 用保温板将龙骨填实，龙骨通常采用具有足够安全性与耐久性的热镀锌型钢材料。将填装保温板的龙骨，用自攻钉沿隧道纵向进行固定。

(5) 将预制的保温板填装在龙骨U形槽内，保温板之间连接紧密，相邻两环保温板之间按错缝设置。

(6) 将防火板锚固在龙骨框架上，防火板与防火板相接时，留3～4mm伸缩缝。整个施工面沿隧道纵向每隔30m留一处30mm宽伸缩缝。用专用腻子及网带将防火板之间缝隙密封，每处板缝要求封闭完全、平整，然后将嵌缝处打磨平整；嵌缝线的宽度要尽量一致。

(7) 整个施作面圆顺、平整、牢固。

25.2.4 中间铺设防冻层施工时，应符合下列规定：

1 防水板表面应平顺、无褶皱、无破损现象，应与洞壁密贴，松紧适度，接缝粘贴防水应可靠。

2 应采用骨架钢筋将保温板平整地粘贴在防水板上，并拼装平顺，保温板之间应采用胶黏剂连接紧密。

条文说明

中间铺设防冻层的施工工艺如下：

（1）铺挂防水板。采用涂胶粘贴的方法将复合式防水板黏结到衬砌表面。施工时通常从隧道拱顶向两侧黏结，最后黏结墙脚和仰拱部位，防水板与二次衬砌混凝土表面粘贴牢固，确保防水板平整。也可用吊带铺挂复合式防水板。

（2）铺贴隔热防冻层。保温板通常为工厂预制成型或在洞口附近预制成型，普通规格为（长×宽）2.0m×0.5m，在洞内拼装，然后进行粘贴施工。在保温板表面和复合式防水板的PVC膜面上均匀涂抹树脂胶，待胶风干至不粘手时（约3～4min），将保温板平整地粘贴在复合式防水板上，拼装平顺，成自然弧度，采用骨架钢筋进行固定，轻压保温板，使其粘贴牢靠。在保温板侧面均匀涂抹1～2mm厚胶黏剂，使保温板接缝之间黏结紧密。

（3）在隔热防冻层外侧再施作一层防水板，施工方法与第一层复合防水板类似。

（4）在外侧浇筑一层衬砌混凝土。

25.3 局部保温导水法

25.3.1 在发生渗漏水、冻结的接缝和开裂处宜采用电动切割法开凿倒梯形槽，开槽尺寸应符合设计要求。

25.3.2 应在导水管施工完成后槽内无渗漏水时，再进行防冻层施工，防冻层应附着牢固。

25.3.3 施工完隔热防冻材料后应采用聚合物改性水泥砂浆等进行抹面处理。

25.4 加热防冻法

25.4.1 电热管应连接牢固、圆顺，并预先穿铁丝。

25.4.2 电热管用于衬砌背部加热时，应在防水板表面黏结管套，将电热管套紧在防水板表层，保证管套和防水板密贴。

25.4.3 采用供暖法施工时，应采用锚栓等措施将暖气管固定牢靠，紧贴隧道需加热部位。

25.5 保温排水法

25.5.1 保温边沟上部设置双层盖板时，保温材料应填充饱满，并做好防潮措施。

25.5.2 仰拱下方深埋中心水沟处治施工应符合下列规定：

1 隧底开挖前应先按设计要求进行临时支护施工，采用锚杆（管）锁脚时，其设置角度、长度应符合设计要求。

2 应分段间隔进行隧底开挖，每次开挖长度不应大于5m。

3 隧底宜采用机械、人工开挖，需爆破施工时应采用控制爆破。

4 施工中应加强隧道衬砌变形、振动监控量测，必要时应采取相应措施。

5 开挖后应及时施作深埋中心水沟及仰拱结构，并分层回填。

条文说明

深埋中心水沟开挖后的回填质量直接影响水沟的使用效果。通常在水沟附近采用级配集料分层回填。回填材料性能除需满足保温、渗水效果好的要求外，还要防止石屑、泥沙渗入水沟引起水沟淤积。

25.5.3 防寒泄水洞处治施工应符合下列规定：

1 泄水洞临近或穿越隧道时，应根据需要对隧道实施交通管制。

2 宜采取机械或人工开挖，需爆破施工时应采用控制爆破，震动影响控制在允许范围之内。

3 开挖时应加强主隧道衬砌变形、振动等监控量测，必要时应采取相应措施。

25.5.4 洞外深埋中心水沟、防寒泄水洞纵坡应符合设计要求，保温出水口应保证流水空隙。

25.6 施工质量控制

25.6.1 隔热防冻层施工质量控制项目应符合表25.6.1的规定。

表25.6.1 隔热防冻层施工质量控制项目

检查项目		规定值或允许偏差	控制措施
骨架安装	搭接宽度（mm）	≥100	尺量：全部搭接均要检查，每一个搭接处检查3处
	龙骨安装偏差（mm）	≤5	尺量：每榀检查
防冻层设置	隔热防冻层厚度（mm）	0～6	插针法：每$10m^2$检查一处
	隔热防冻层长度（mm）	不小于设计	尺量

25.6.2 外观控制应符合下列规定：

1 经过冻害处治的隧道，应做到无渗漏水、无冻害现象。

2 隔热防冻层表面应平顺，无明显突出部分，不得产生裂缝、空鼓、变形。

3 隔热防冻层接缝粘贴应密实饱满，不得有气泡、空隙。

4 排水系统应不堵塞、不冻结，进行局部保温或加热的部位，最冷季节应不冻结。

26　特殊地质地段隧道处治施工

26.1　一般规定

26.1.1　本章适用于膨胀岩、黄土、岩溶、采空区、有害气体、腐蚀性等特殊地质引起的病害处治施工。

条文说明

本章涵盖了膨胀岩、黄土、岩溶、采空区、有害气体、腐蚀性等特殊地质条件下的隧道加固施工。鉴于以上特殊地质的特性，此类隧道加固施工较一般隧道更为慎重，不仅要做到一次加固处治到位，防止病害反复发生，而且在施工组织、施工工艺、施工安全上需满足其特殊性。

26.1.2　处治施工前应根据设计文件结合现场情况，制订专项处治施工方案。

条文说明

对特殊地质地段隧道进行处治施工，成功的关键是对地层特殊性有准确的认识，同时将设计和现场情况结合起来分析，在此基础上制订一套科学合理的施工方案，并报上级及业主、监理部门审批，保证施工安全、顺利、有效进行。

26.1.3　处治施工中应根据特殊地质的特点加强监控量测。

条文说明

特殊地质地段隧道处治施工较一般隧道风险大，通常按设计要求结合隧道地层特点、加固措施、支护类型和参数、施工方法合理选择监测项目。监测不仅能根据反馈的信息指导加固设计、施工，还能通过一些补充测试手段，及时掌握加固施工的风险及加固效果，对竣工验收也有很强的指导意义。

26.1.4　膨胀岩、黄土地层隧道处治施工，应加强排水及施工用水管理。

条文说明

膨胀岩、黄土地层隧道处治施工时，地下水或施工用水与围岩接触后，膨胀岩易膨胀、崩解、软化；湿陷性黄土易软化、沉陷，对处治施工产生不良影响，故要求加强用水管理。

26.2 膨胀岩

26.2.1 对原结构进行加固时，应先做好引排水措施，再进行结构加固。

26.2.2 拆除重建时，加固施工应符合下列规定：

1 衬砌开挖前应按设计进行围岩加固施工，再进行衬砌拆除。

2 纵向一次拆除长度不应超过 2m。

3 应采用人工或机械开挖。

4 初期开挖时应适当增大预留变形量，并根据现场监测情况及时修正。

5 开挖后应及时喷射混凝土，封闭围岩暴露面。

6 应及时施作仰拱，封闭成环。

7 拱、墙应一次整体浇筑，在衬砌混凝土强度达到设计规定强度时方可拆模。

条文说明

4 为防止膨胀变形过大导致“侵限”情况的发生，要求初期开挖适当增大预留变形量，后期开挖可以结合已有经验进行调整。

26.2.3 处治施工中应做好临时支护措施，保证施工安全。

26.3 黄土

26.3.1 黄土隧道洞口及浅埋段应按设计要求先进行地表防水、隔水施工，有陷穴、落水洞时应回填夯实。

条文说明

我国北方许多地区属于第四纪黄土质黏土地层，土体强度低、垂直裂隙发育、遇水易软化，在地表水作用下极易冲蚀，有些风积土具有不同的湿陷性。黄土地层中出现地下水，其稳定性大幅降低，极易发生坍塌、沉陷，因此在加固施工中需先进行地表防水施工，避免由水导致的新增病害，保证加固质量和施工安全。

26.3.2 湿陷性黄土宜按设计要求，先采用钢管桩、灰土桩、树根桩、换填等措施进行基底加固，再进行衬砌加固。

26.3.3 锚杆加固衬砌时，应采用螺旋干钻成孔，宜采用药卷式锚杆。

26.4 岩溶区

26.4.1 岩溶区地层隧道处治施工前，应根据设计文件核查溶洞的分布范围、类型、规模和地下水情况，重点核查拱部、底板、侧墙周边5m内是否有空洞。

26.4.2 地表出露溶洞、溶隙与隧道连通时，应先对地表进水口进行封堵、引排处理。

条文说明

地表水通过与隧道连通的水路流至隧道附近，对可溶性岩层不断溶解，将改变围岩结构和衬砌结构受力状态；同时水量较大时还将引发其他病害，故要求对地表进水口进行封堵、引排处理。

26.4.3 岩溶区地层隧道处治施工时，应先疏通排水管路，修缮排水系统，岩溶水排泄通道应畅通。

条文说明

当岩溶水进入隧道防排水系统后，其内部的矿物质易在排水系统内沉积、结晶造成排水系统堵塞失效，继而水压增大，对排水系统进行疏通对降低水压效果明显。

26.4.4 存在高水头水体，有涌突水（泥）风险时，应先进行排、堵处理，再进行加固施工。

26.4.5 受大型溶洞影响的隧道处治施工，应制订专项施工方案，并对溶洞稳定性及洞内水体进行监测。

26.5 采空区

26.5.1 处治施工前，应根据设计文件核查采空区的分布、规模、富水性及与隧道的相互关系。

26.5.2 采空区隧道病害处治，应先处理采空区，再进行隧道结构加固。

26.5.3 采空区注浆回填应符合下列规定：

1 注浆钻孔应分序次间隔成孔，宜分为 2 ~ 3 个序次，注浆应按成孔序次间隔进行。

2 注浆应按先帷幕孔、后注浆孔，先低处后高处的顺序进行。

3 浆液浓度宜根据现场情况及吸浆量进行调整。

4 应实时监测浆液流量，合理控制注浆量。

5 注浆过程中发生冒浆时，宜采用低压、浓浆、小泵量、间歇注浆等方式进行处理。

6 在设计终压条件下，单位吸浆量小于 70L/min 时，稳压 15min 可结束注浆。

条文说明

2 采空区四周可能存在联通裂隙，为防止注浆时“跑浆”现象发生，造成浆液浪费，规定先注帷幕孔，并进行注浆量监测。

3 浆液浓度采用水固比表示，浆液一般水固比分为 1∶1.0、1∶1.1、1∶1.2、1∶1.3 四级，施工中一般由稀到浓采用。采空区充水时，一般采用浓浆并添加速凝剂；当注浆压力保持不变，单位吸浆量持续减少时，或单位吸浆量不变而压力持续升高时，不要改变水固比；当注入量已达设计量的 20% 以上或灌注时间超过 2h，而注浆压力和单位吸浆量无明显改变时，调浓一级或两级灌注；当单位吸浆量大于 250L/min 时，可越级变浓。

26.5.4 采空区巷道存在有害气体时，应停止施工撤出人员，实时监测隧道瓦斯等有害气体浓度，加强通风达到安全标准。

26.6 含有害气体

26.6.1 隧道处治施工前，应核查有害气体类型、溢出位置、浓度等，施工中应加强对有害气体的实时监测。

条文说明

隧道地层内的有害气体主要指的是 CH_4、H_2S，在我国西南地区隧道经常遇到。当有害气体到达一定浓度，不仅对施工人员身体健康造成损害，而且当采取措施不当时，可能引起爆炸，造成人员伤亡和经济损失，因此对有害气体的监测是极为重要的。

26.6.2 对于拆除重建、换拱的瓦斯隧道，应制订防治瓦斯的专项施工方案，并严格执行。

条文说明

有害气体浓度检测一般按以下方式进行：

（1）低瓦斯隧道可采用人工检测。

（2）高瓦斯、瓦斯突出以及含硫化氢类有害气体的隧道，通常采用自动检测系统检测。

自动检测系统通常具有瓦斯超限报警、通风机自动控制等功能，一般采用洞口或远程计算机集中控制。瓦斯泄漏多通过施工缝、衬砌裂缝等部位溢出，当隧道内瓦斯浓度超标时，对这些部位需作重点检测，以发现瓦斯泄漏点。在查清有害气体的溢出源头后，通常先采用注浆封堵，然后主动打溢气孔用钢管引排至洞外；衬砌裂缝、施工缝也要进行封堵和处治。

26.6.3 有害气体封堵处治后，洞内浓度应满足国家及行业相关标准、规范的规定。

26.6.4 施工中应加强通风及作业人员的保护，保证作业人员安全。

26.7 腐蚀性

26.7.1 隧道处治施工前，应核查地层腐蚀类型、等级。

条文说明

腐蚀性地层的腐蚀类型、等级，按现行《公路工程地质勘察规范》（JTG C20）执行。

26.7.2 应先处理腐蚀性引起的病害，再进行结构补强。

26.7.3 腐蚀性水不得作为施工用水，应引排至洞外集中处理，不得散排。

条文说明

腐蚀性水不能作为施工用水在相关规范中已有明确规定，为防止施工用水困难时施工现场违规操作现象发生，本条进一步强调。

26.7.4 新增防腐蚀性混凝土施工应符合下列规定：

1 混凝土的搅拌宜采用卧轴式、行星式、逆流式搅拌机。

2 混凝土浇筑及养护，应结合混凝土温度、气温、相对湿度、风速等环境参数，采取相应措施。

3　采用钢筋混凝土时，钢筋应按设计要求进行防腐处理，钢筋定位应准确，保护层厚度应满足要求。

条文说明

2　防腐蚀混凝土施工时要振捣均匀、密实，但又不过分振捣。夏季施工时，混凝土入模温度需低于大气日平均温度，且不高于28℃；冬季施工时，混凝土入模温度需高于气温，且不低于10℃。

防腐蚀混凝土养护要尽早进行，并根据环境参数采取遮阳、挡风、保温、降温等措施，避免开裂。

防腐蚀混凝土施工、养护具体措施要满足现行《公路工程混凝土防腐蚀技术规范》（JTG/T B07－01）的规定。

26.7.5　混凝土表面防腐涂装施工应符合下列规定：

1　宜采用高压无气喷涂，条件不允许时可采用涂刷或滚涂。

2　施工中发现漏涂、流挂等情况时应及时处理。

3　涂装遍数、厚度、黏结强度应满足设计要求，涂层表面应均匀，无气泡、开裂等缺陷。

4　涂装施工时应满足材料对环境的相关要求。

27 加固施工监控量测

27.1 一般规定

27.1.1 加固施工过程中存在结构不稳、结构拆除（包括局部拆除）、爆破及桩基施工振动、注浆加固、有害气体溢出等情况时，应进行施工监控量测。

27.1.2 施工监控量测可包括地质监测、结构状况观测、变形监测、受力监测、振动监测、有害气体监测等，应根据病害原因及处治措施选择监测项目。

27.1.3 应根据隧道病害情况、地质条件、原结构技术状况、加固方案及设计要求编制监控量测方案。监控量测方案应包括监测目的、监测项目、监测方法、监测仪器、测点布置、量测频率、监测管理标准等内容。

27.1.4 施工监控量测数据应准确、分析方法应得当、信息反馈应及时，数据变化异常区应加强监测，并提出相应的处治对策。

27.2 地质监测

27.2.1 地质原因引起的隧道结构病害，加固施工中应按设计要求进行地质监测。

条文说明

地质原因引起隧道病害时，往往地质条件较原设计有明显变化或地质条件很差，施工中需准确掌握地质条件，故要求开展地质监测。

27.2.2 地质监测方法可包括地质调查法、物理勘探法、钻探法等，应根据加固方案、实际情况制订地质监测方案。

条文说明

地质调查法包括对原有地质资料的收集，施工前要收集隧道施工图设计文件、竣工文件，并结合加固设计文件开展地质调查，掌握隧址区地质条件。

加固施工进行结构拆除时，需进行隧道内及地表的地质调查，必要时配合物探、钻探等方式；不进行结构拆除时，进行隧道地表的地质调查，根据需要采用物探、钻探等方式。

对于岩溶空洞、岩溶水、采空区等问题，施工中需借助物探、钻探方式探明其与隧道的相对位置关系、赋水情况等，评价对隧道的影响。

27.2.3 地质监测成果与加固设计文件不符时，应按程序进行设计变更。

27.3 结构状况观测

27.3.1 结构存在坍塌、掉块风险或进行注浆加固、结构拆除、隧底开挖、桩基等施工时，应进行结构状况观测。

条文说明

本条文要求加固施工项目进行衬砌状况监测的原因如下：

（1）结构存在坍塌、掉块风险，即使不进行结构拆除或有明显扰动，也存在安全隐患。

（2）采取衬砌后空洞注浆、围岩注浆、隧底注浆加固时，注浆压力会导致结构承受附加荷载增大。

（3）桩基、爆破施工时，振动会对原衬砌产生扰动。

（4）嵌入钢架、换拱加固、仰拱拆除施工中，凿除、拆除部分结构时会导致结构承载力降低或受力状态改变。

27.3.2 结构状况观测内容可包括衬砌裂缝、剥落破损、渗漏水、路面开裂等。

条文说明

在富水段加固施工，可能会导致渗漏水水量的急剧增大，为防止发生涌突水事故，规定对渗漏水进行观测。

27.3.3 施工前应对原衬砌裂缝、剥落破损、渗漏水、路面开裂范围进行标识。

条文说明

裂缝监测通常采用裂缝观测仪、贴石膏标板、超声仪等方法。裂缝标识包括裂缝起（终）点位置、裂缝最大宽度等，对于较长裂缝每隔3m标识一处宽度；渗漏水标识包括渗漏水位置、范围、水量等；衬砌剥落破损标识包括位置、范围、深度等。

27.3.4 衬砌结构裂缝、渗漏水、剥落破损范围急剧增大或存在异常变化时，应停止施工，分析原因，并采取相应措施处治后再进行施工。

27.4 变形监测

27.4.1 进行注浆加固、结构拆除、隧底开挖、桩基础等施工时，应按设计要求进行变形监测。

27.4.2 变形监测可包括拱顶下沉、周边收敛、底鼓、地表下沉等，施工中应根据具体工况选择监测项目。

条文说明

注浆加固、结构拆除、隧底开挖、桩基施工时，通常进行拱顶下沉、周边收敛监测；隧底开挖施工时，除进行拱顶下沉、周边收敛监测外，还需要进行底鼓监测；在洞口段或浅埋段施工时通常进行地表下沉监测。

27.4.3 变形监测点（线）应根据病害程度、施工方案等情况设置，情况严重时应加密频率。

27.4.4 变形监测范围应在加固施工段落基础上向未加固段延伸20～30m，每10m应设置一个监测断面。病害严重时，可根据情况增大监测范围，加密监测断面。

条文说明

监测断面间距的设置一般考虑一模衬砌一个监测断面，原衬砌为小模板浇筑时，需加密监测断面。

27.4.5 应结合病害程度、加固方案确定监测频率，宜为1～3次/d，监测应结合施工工序及时进行。加固施工完成后，可根据监测数据变化趋势结束监测。

27.5 受力监测

27.5.1 进行换拱、套拱、锚杆、嵌入钢架等加固施工时，宜按设计要求进行受力监测。

27.5.2 受力监测可包括接触压力、拱架内力、衬砌内力、钢筋应力、锚杆轴力、水压力等，施工中应根据具体工况选择监测项目。

27.5.3 接触压力、拱架内力、衬砌内力、钢筋应力、锚杆轴力等监测项目，应在有代表性地段选择 1 ~2 个断面进行，每个断面应设置不少于 3 个测点，并根据隧道跨度及形式适当增加。

条文说明

对于两车道单洞隧道一般每个监测断面设置 3 个测点，即拱顶和两侧拱腰。三或四车道隧道根据需要增加拱部或边墙监测点，双连拱隧道根据需要增加中墙位置监测点。

27.5.4 水压力测点不应少于 3 个，测点布置应根据现场情况确定。

条文说明

因地质条件、衬砌与围岩密贴情况等不同，衬砌后水压力变化较大，测点少时会导致监测数据不具有代表性，故本条规定了最少监测点数。

27.5.5 应结合病害情况、地质条件确定监测频率，宜为 1 ~2 次/d。

27.6 振动监测

27.6.1 加固施工中进行爆破、灰土桩等施工时，应进行振动监测。

条文说明

已建成隧道内施工不推荐采用爆破施工，需要时本规范均要求采用静态爆破、控制爆破等技术，同时桩基施工中也要求使用对围岩、衬砌扰动小的施工工艺，为防止施工中操作不规范，规定进行本项监测。

27.6.2 监测点应设置在震源附近的衬砌断面上，测点不宜少于 3 个。传感器应与衬砌密贴，监测仪器宜具有自动记录功能。

27.6.3 振动安全允许标准应按表 27.6.3 执行。

表 27.6.3 振动安全允许标准

序号	混凝土龄期（d）	安全允许质点震动速度（cm/s）		
		$f \leq 10$Hz	10Hz $< f \leq 50$Hz	$f > 50$Hz
1	初凝 ~3	1.5 ~2.0	2.0 ~2.5	2.5 ~3.0
2	3 ~7	3.0 ~4.0	4.0 ~5.0	5.0 ~7.0
3	7 ~28	7.0 ~8.0	8.0 ~10.0	10.0 ~12.0

条文说明

由于目前桩基施工振动对结构物的影响在国内外尚无评价标准，考虑到桩基振动和爆破振动频率较接近，故参考现行《爆破安全规程》（GB 6722）执行。

27.6.4 应及时处理监测数据，建立距离、振动速度关系回归曲线，并与控制标准比较，提出优化施工建议。

27.7 有害气体监测

27.7.1 隧道穿越或临近有害气体发育地层，加固施工时应进行有害气体实时监测。

条文说明

穿越或临近含有害气体地层的已建隧道内往往存在有害气体，进行结构拆除、开挖的隧道还可能产生有害气体涌出现象，为保证作业人员健康及施工安全，本条规定进行有害气体监测。

27.7.2 有害气体可能涌出段每 50～100m 应设置一个监测断面，每个断面不宜少于3 个测点。

27.7.3 有害气体检查方法应按现行《工作场所空气中有害物质监测的采样规范》（GBZ 159）执行。

27.7.4 作业人员进入隧道前应对有害气体浓度进行检查，进行结构拆除或开挖施工后 15min，应在作业处进行有害气体监测。

27.7.5 有害气体超限值应执行现行《公路隧道施工技术规范》（JTG F60）相关规定，超限时应根据需要切断电源，作业人员停工撤离、加强通风。

附录 A　加固计算

A.1　增大截面加固法

A.1.1　受弯构件加固计算应符合下列规定：

1　当在受压区加固受弯构件时，增大截面加固后的相对界限受压区高度可根据现行《混凝土结构设计规范》（GB 50010）计算。

2　当在受拉区加固受弯构件时，除符合现行《公路隧道设计规范　第一册　土建工程》（JTG 3370.1）对受弯构件正截面承载力计算的基本假定外，尚应符合下列规定：

1）构件达到受弯承载能力极限状态时，截面受压边缘混凝土应变为极限压应变。原截面受压区混凝土应力按等效矩形应力图形计算，其抗压强度取原衬砌混凝土轴心抗压强度设计值 f_{c0}。

2）构件达到受弯承载能力极限状态时，新增受力主钢筋和原受拉区受力主钢筋均达到屈服状态，计算时分别取新增受力主钢筋和原受拉区受力主钢筋的抗拉强度设计值。

3　当在受拉区加固受弯构件时（图 A.1.1-1），其正截面受弯承载力应按式（A.1.1-1）确定：

$$M \leqslant \alpha_r \left[f_{y0}A_{g0}\left(h_{01}-\frac{x}{2}\right)+f'_{y0}A'_{g0}\left(\frac{x}{2}-a'_0\right)\right]+\alpha_s f_y A_g\left(h_0-\frac{x}{2}\right) \tag{A.1.1-1}$$

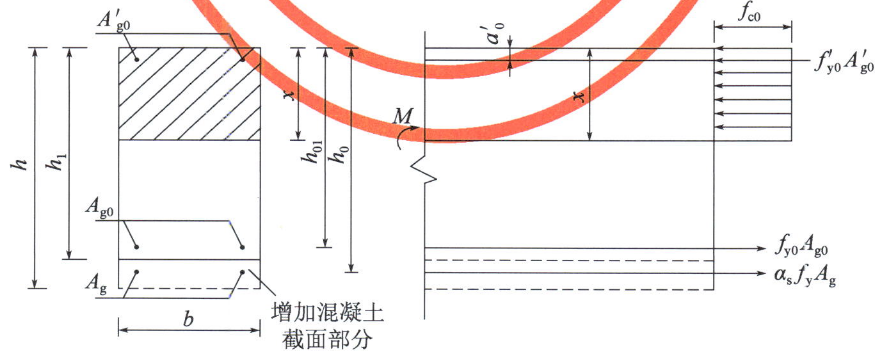

图 A.1.1-1　钢筋混凝土受弯构件加固的抗弯承载力计算

混凝土受压区高度应按式（A.1.1-2）确定：

$$f_{c0}bx = f_{y0}A_{g0} - f'_{y0}A'_{g0} + \alpha_s f_y A_g \tag{A.1.1-2}$$

混凝土受压区高度尚应符合式（A.1.1-3）的条件：

$$2a_0' \leqslant x \leqslant \xi_b h_0 \tag{A. 1. 1-3}$$

当 $x<2a'_0$ 时，正截面抗弯承载力按式（A. 1. 1-4）确定：

$$M \leqslant \alpha_r f_{y0} A_{g0}(h_{01}-a_0') + \alpha_s f_y A_g(h_0 - a_0') \tag{A. 1. 1-4}$$

式中：M——加固后的弯矩设计值（kN·m）；

α_r——原衬砌承载力折算系数，可参考本规范表 6. 4. 1 取值，不考虑折减时，取 1；

α_s——新增钢筋强度利用系数，取 $\alpha_s=0.9$；

f_{c0}——原衬砌混凝土轴心抗压强度设计值（MPa）；

f_{y0}，f'_{y0}——分别为原衬砌受力主钢筋的抗拉强度设计值和抗压强度设计值（MPa）；

A_{g0}，A'_{g0}——分别为原衬砌受拉区和受压区受力主钢筋的截面面积（mm^2）；

a_0'——原衬砌受压区受力主钢筋至加固后截面近边的距离（mm）；

A_g——受拉区新增受力主钢筋的截面面积（mm^2）；

b——加固前衬砌截面宽度（mm）；

h_{01}——原衬砌截面有效高度，为原衬砌受拉区受力主钢筋 A_{g0} 合力点至截面受压区边缘距离（mm）；

h_0——加固后衬砌的截面有效高度，为新增受力主钢筋的合力点至截面受压边缘的距离；

x——加固后混凝土受压区高度（mm）；

f_y——新增受力主钢筋的抗拉强度设计值（MPa）；

ξ_b——增大截面法加固后的正截面相对界限受压区高度，按式（A. 1. 1-6）计算。

4 当按式（A. 1. 1-1）和（A. 1. 1-2）计算得到的加固后混凝土受压区高度 x 与加固前原截面有效高度 h_{01} 之比 x/h_{01} 大于原截面相对界限受压区高度 ξ_{b0} 时［ξ_{b0} 按现行国家标准《混凝土结构设计规范》（GB 50010）的规定计算］，应考虑原受拉区受力主钢筋应力 σ_{s0} 尚达不到 f_{y0} 的情况。此时，应将上述两公式中的 f_{y0} 改为 σ_{s0}，并重新进行验算。验算时，σ_{s0} 值可按式（A. 1. 1-5）确定：

$$\sigma_{s0} = \left(\frac{0.8h_{01}}{x} - 1\right)\varepsilon_{cu} E_{s0} \leqslant f_{y0} \tag{A. 1. 1-5}$$

式中：E_{s0}——原受力主钢筋的弹性模量（MPa）；

ε_{cu}——混凝土极限压应变，取 $\varepsilon_{cu}=0.0033$。

若 $\sigma_{s0}<f_{y0}$，则应按此验算结果确定加固钢筋用量；若 $\sigma_{s0}\geqslant f_{y0}$，则表示原受力主钢筋达到其强度设计值 f_{y0}，按式（A. 1. 1-1）和（A. 1. 1-2）计算配筋量。

5 受弯构件增大截面法加固后的相对界限受压区高度 ξ_b，应按式（A. 1. 1-6）确定：

$$\xi_b = \frac{0.8}{1 + \dfrac{\alpha_s f_y}{\varepsilon_{cu} E_s} + \dfrac{\varepsilon_{s1}}{\varepsilon_{cu}}} \tag{A. 1. 1-6}$$

$$\varepsilon_{s1}=\left(1.6\frac{h_0}{h_{01}}-0.6\right)\varepsilon_{s0} \tag{A.1.1-7}$$

$$\varepsilon_{s0}=\frac{M_{0k}}{0.85h_{01}A_{g0}E_{s0}} \tag{A.1.1-8}$$

式中：M_{0k}——加固前的弯矩标准值（kN·m）；

ε_{s1}——新增受力主钢筋位置处，按平截面假定确定的初始应变值；当新增受力主钢筋和原受力主钢筋的连接采用短钢筋焊接时，可近似的取 $h_0=h_{01}$，$\varepsilon_{s1}=\varepsilon_{s0}$；

ε_{s0}——加固前弯矩 M_{0k} 作用下，原受拉区受力主钢筋的应变值；

E_s——新增受力主钢筋的弹性模量（MPa）。

6 在矩形截面素混凝土受弯构件的受拉区进行抗弯加固时，其正截面抗弯承载力应按式（A.1.1-9）确定（图 A.1.1-2）：

$$M\leqslant\alpha_r f_{c0}bx\left(h_0-\frac{x}{2}\right) \tag{A.1.1-9}$$

混凝土受压区高度应按式（A.1.1-10）计算：

$$f_{c0}bx=\alpha_s f_y A_g \tag{A.1.1-10}$$

混凝土受压区高度尚应符合式（A.1.1-11）的条件：

$$x\leqslant\xi_b h_0 \tag{A.1.1-11}$$

式中：ξ_b——增大截面法加固后的正截面相对界限受压区高度，按式（A.1.1-12）计算。

$$\xi_b=\frac{0.8}{1+\dfrac{f_y}{0.0033E_s}} \tag{A.1.1-12}$$

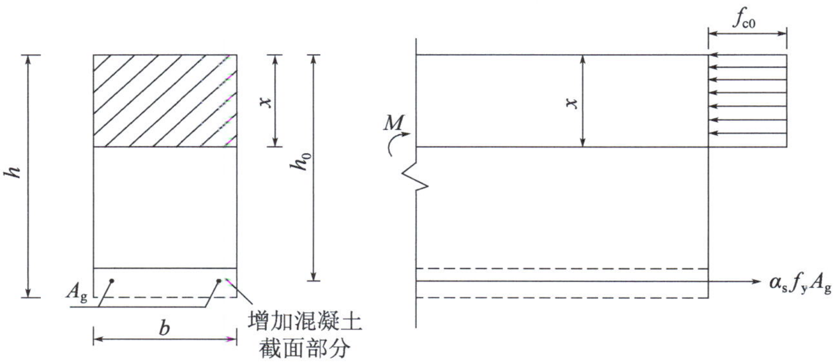

图 A.1.1-2 素混凝土受弯构件加固的抗弯承载力计算

A.1.2 受弯构件斜截面加固计算应符合下列规定：

1 受弯构件加固后，截面尺寸应符合下列规定：

当 $h_0/b\leqslant4$ 时

$$bh_0\geqslant\frac{V}{0.25\beta_c f_{c0}} \tag{A.1.2-1}$$

当 $h_0/b \geqslant 6$ 时

$$bh_0 \geqslant \frac{V}{0.20\beta_c f_{c0}} \quad (A.1.2\text{-}2)$$

当 $4 < h_0/b < 6$ 时，按线性内插法确定。

式中：V——加固后的剪力设计值（kN）；

β_c——混凝土强度影响系数，当混凝土强度等级不超过 C50 时，取 $\beta_c = 0.8$。

2 新旧混凝土结合良好、协调变形、能共同承载时，其斜截面受剪承载力应符合式（A.1.2-3）的要求：

$$V \leqslant \alpha_r\left(0.7f_{t0}bh_{01} + f_{yv0}\frac{A_{sv0}}{S_0}h_{01}\right) + 0.7\alpha_c f_t b(h_0 - h_{01}) \quad (A.1.2\text{-}3)$$

式中：α_c——新增混凝土强度利用系数，取 $\alpha_c = 0.7$；

f_t，f_{t0}——新、旧混凝土轴心抗拉强度设计值（MPa）；

f_{yv0}——原箍筋的抗拉强度设计值（MPa）；

A_{sv0}——同一截面内原箍筋的截面面积之和（mm^2）；

S_0——原箍筋沿构件长度方向的间距（mm）。

A.1.3 受压构件正截面加固计算应符合下列规定：

1 加固钢筋混凝土轴心受压构件，其正截面承载力应按式（A.1.3-1）确定：

$$N \leqslant 0.9\varphi[\alpha_r\ (f_{c0}A_{c0} + f'_{y0}A'_{g0})\ + \alpha_{cs}\ (f_c A_c + f'_y A'_g)] \quad (A.1.3\text{-}1)$$

式中：N——加固后的轴向压力设计值（kN）；

A_{c0}，A_c——原衬砌受压混凝土截面面积和新增受压混凝土截面面积（mm^2）；

f_c——新增混凝土的轴心抗压强度设计值（MPa）；

f'_y——新增受力主钢筋的抗压强度设计值（MPa）；

A'_g——受压区新增受力主钢筋截面面积（mm^2）；

α_{cs}——综合考虑新增混凝土钢筋强度利用程度的修正系数，取 $\alpha_{cs} = 0.8$；

φ——构件稳定系数，根据加固后的截面尺寸，按表 A.1.3 采用。

表 A.1.3 构件稳定系数表

l_0/b	≤8	10	12	14	16	18	20	22	24	26	28
φ	1	0.98	0.95	0.92	0.87	0.81	0.75	0.7	0.65	0.6	0.56
l_0/b	30	32	34	36	38	40	42	44	46	48	50
φ	0.52	0.48	0.44	0.4	0.36	0.32	0.29	0.26	0.23	0.21	0.19

注：表中 l_0 为构件计算长度，b 为矩形截面短边宽度。

2 加固钢筋混凝土偏心受压构件，其矩形截面正截面承载力（图 A.1.3）按式（A.1.3-2）～式（A.1.3-5）确定：

$$N \leqslant \alpha_r(f_{c0}bx + f'_{y0}A'_{g0} - \sigma_{s0}A_{g0}) - \alpha_s\sigma_s A_g \quad (A.1.3\text{-}2)$$

$$N \cdot e \leqslant \alpha_r\left[f_{c0}bx\left(h_0 - \frac{x}{2}\right) + f'_{y0}A'_{g0}(h_0 - a'_0)\ - \sigma_{s0}A_{g0}\ (a_0 - a)\right] \quad (A.1.3\text{-}3)$$

$$\sigma_{s0}=\left(\frac{0.8h_{01}}{x}-1\right)E_{s0}\varepsilon_{cu}\leqslant f_{y0} \tag{A.1.3-4}$$

$$\sigma_{s}=\left(\frac{0.8h_{0}}{x}-1\right)E_{s}\varepsilon_{cu}\leqslant f_{y} \tag{A.1.3-5}$$

式中：σ_{s0}——原衬砌受拉边或受压较小边受力主钢筋应力。当算得 $\sigma_{s0}>f_{y0}$ 时，取 $\sigma_{s0}=f_{y0}$；

σ_s——受拉边或受压较小边的新增受力主钢筋应力。当算得 $\sigma_s>f_y$ 时，取 $\sigma_s=f_y$；

A_{g0}——原衬砌受拉边或受压较小边受力主钢筋的截面面积（mm^2）；

A_g——受拉边或受压较小边新增受力主钢筋的截面面积（mm^2）；

e——偏心距（mm），为轴向压力设计值 N 的作用点至新增受力主钢筋合力点的距离，按本节第 3 条确定；

a_0——原衬砌受拉边或受压较小边受力主钢筋合力点至加固后截面近边的距离（mm）；

a'_0——原衬砌受压边或受压较大边受力主钢筋合力点至加固后截面近边的距离（mm）；

a——受拉边或受压较小边新增受力主钢筋合力点至加固后截面近边的距离（mm）。

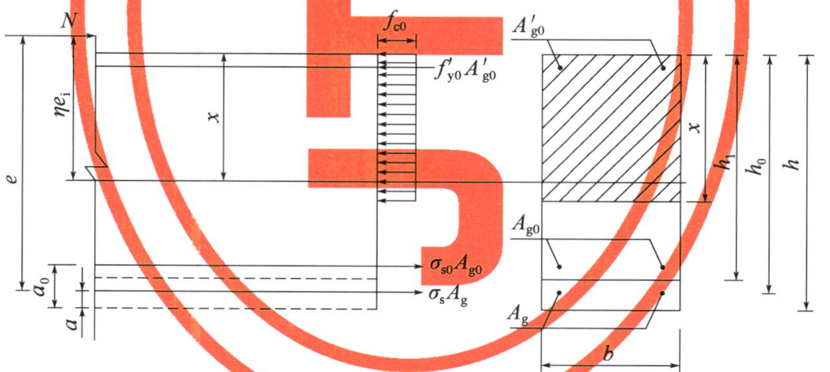

图 A.1.3 钢筋混凝土偏心受压构件加固的正截面承载力计算

3 偏心距 e 按式（A.1.3-6）计算：

$$e=\eta e_i+\frac{h}{2}-a \tag{A.1.3-6}$$

$$e_i=e_0+e_a \tag{A.1.3-7}$$

式中：e_i——初始偏心距（mm）；

e_0——轴向压力对截面中心的偏心距（mm），取 $e_0=M/N$；

e_a——附加偏心距（mm），按偏心方向截面最大尺寸 h 确定，当 $h\leqslant600mm$ 时，$e_a=20mm$；当 $h>600mm$ 时，$e_a=h/30$；

η——偏心增大系数，应乘以修正系数 ψ_{η}；

h——加固后衬砌的截面高度（mm）；

ψ_η——偏心增大系数修正系数，取值如下：

当 $e_0/h \geqslant 0.3$ 时，$\psi_\eta = 1.2$；

当 $e_0/h < 0.3$ 时，$\psi_\eta = 1.3$。

A.2 粘贴钢板加固法

A.2.1 受弯构件正截面加固计算应符合下列规定：

1 对隧道结构受弯构件进行加固，应符合下列规定：

1）考虑原衬砌加固前的受力变形对于加固效果的影响时，应按构件加固前的初始受力确定粘贴钢板的滞后应变，按式（A.2.1-5）计算；

2）钢板设计仅承受轴向应力作用。

2 在矩形截面钢筋混凝土受弯构件的受拉面粘贴钢板进行计算时，其正截面承载力应按式（A.2.1-1）计算（图 A.2.1-1）：

$$M \leqslant \alpha_r \left[f_{c0}bx\left(h_1 - \frac{x}{2}\right) + f'_{y0}A'_{g0}(h_1 - a'_0) - f_{y0}A_{g0}(h_1 - h_{01}) \right] \quad (A.2.1\text{-}1)$$

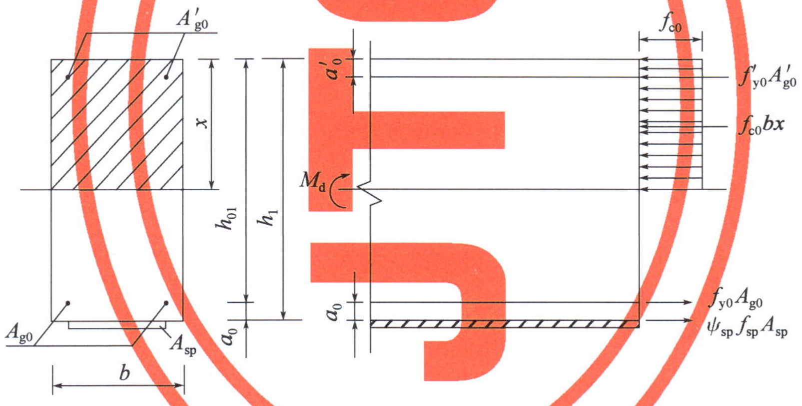

图 A.2.1-1 钢筋混凝土粘贴钢板加固的正截面受弯承载力计算

混凝土受压区高度按式（A.2.1-2）确定：

$$f_{c0}bx = f_{y0}A_{g0} + \psi_{sp}f_{sp}A_{sp} - f'_{y0}A'_{g0} \quad (A.2.1\text{-}2)$$

混凝土受压区高度应满足式（A.2.1-3）的条件：

$$x \geqslant 2a'_0 \quad (A.2.1\text{-}3)$$

式中：b，h_1——分别为原衬砌截面宽度和高度（mm）；

f_{sp}——钢板的抗拉强度设计值（MPa）；

A_{sp}——钢板的截面面积（mm²）；

h_{01}——原衬砌截面有效高度（mm），$h_{01} = h_1 - a_0$；

a_0，a'_0——分别为原衬砌受拉区、受压区受力主钢筋合力点至受拉区边缘、受压区边缘的距离（mm）；

ψ_{sp}——由于实际情况为二次受力，考虑到受拉钢板抗拉强度可能达不到设计值而采用的折减系数，按式（A.2.1-4）计算：

$$\psi_{sp}=\frac{(0.8\varepsilon_{cu}h_1/x)-\varepsilon_{cu}-\varepsilon_{sp,0}}{f_{sp}/E_{sp}} \tag{A.2.1-4}$$

当 $\psi_{sp}>1.0$，取 $\psi_{sp}=1.0$；

E_{sp}——钢板的弹性模量（MPa）；

$\varepsilon_{sp,0}$——考虑二次受力影响时受拉钢板的滞后应变，按本节第4条进行计算。

3 受弯衬砌钢板加固后的相对界限受压区高度 $\xi_{b,sp}$ 应按下列规定计算：

1）对于衬砌结构取 $\xi_{b,sp}=0.85\xi_{b0}$；

2）对于其他结构取 $\xi_{b,sp}=\xi_{b0}$。

ξ_{b0} 为衬砌加固前的相对界限受压区高度。

4 当考虑二次受力影响时，钢板的滞后应变 $\varepsilon_{sp,0}$ 按式（A.2.1-5）计算：

$$\varepsilon_{sp,0}=\frac{\alpha_3 M_{0k}}{E_{s0}A_{g0}h_{01}} \tag{A.2.1-5}$$

式中：M_{0k}——加固前的弯矩标准值（kN·m）；

α_3——综合受弯构件裂缝截面受压区高度变化、钢筋拉应变不均匀以及钢筋排列的影响系数，按表A.2.1-1取值。当初始弯矩 M_0 小于未加固截面受弯承载力的20%时，可忽略二次受力影响。

表A.2.1-1 计算系数 α_3 值

ρ_{te}	≤0.007	0.010	0.020	0.030	0.040	≥0.060
单排钢筋	0.70	0.90	1.15	1.20	1.25	1.30
双排钢筋	0.75	1.00	1.25	1.30	1.35	1.40

注：表中 ρ_{te} 为原衬砌受拉区的受力主钢筋配筋率，即 $\rho_{te}=A_{g0}/A_{ce}$，A_{ce} 为有效受拉混凝土截面面积，按现行标准《混凝土结构设计规范》（GB 50010）的规定计算。

当原衬砌钢筋应力 $\sigma_{s0}\leq 150$MPa，且 $\rho_{te}\leq 0.05$ 时，表中 α_3 值可乘以调整系数0.9。

5 在矩形截面素混凝土受弯构件的受拉面粘贴钢板进行加固时，其正截面承载力应按式（A.2.1-6）确定（图A.2.1-2）：

$$M\leq\alpha_r f_{c0}bx\left(h_1-\frac{x}{2}\right) \tag{A.2.1-6}$$

混凝土受压区高度应按式（A.2.1-7）确定：

$$f_{c0}bx=\psi_{sp}f_{sp}A_{sp} \tag{A.2.1-7}$$

混凝土受压区高度应满足式（A.2.1-8）的条件：

$$x\leq\xi_{b0}h_{01} \tag{A.2.1-8}$$

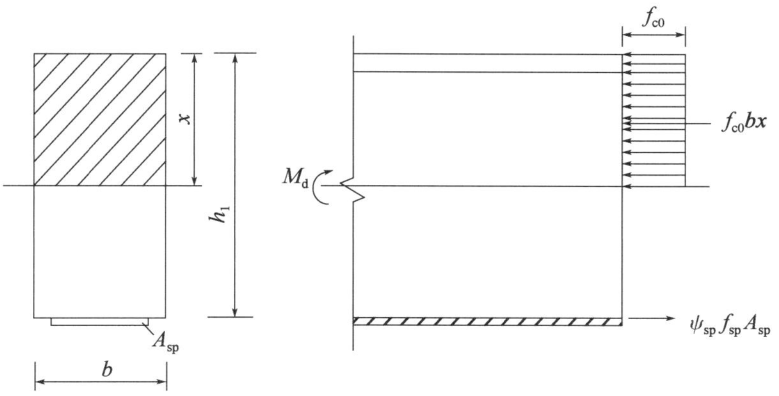

图 A. 2. 1-2　素混凝土粘贴钢板加固的正截面受弯承载力计算

6　对受弯构件受拉区进行加固时，受拉钢板的截断位置距其充分利用截面的距离，即粘贴延伸长度应符合式（A. 2. 1-9）的要求：

$$l_{sp} \geqslant \frac{f_{sp}A_{sp}}{f_{bd}b_{sp}} + 200 \quad \text{(A. 2. 1-9)}$$

式中：l_{sp}——受拉钢板粘贴延伸长度（mm）；

b_{sp}——衬砌受拉面粘贴钢板的总宽度（mm）；

f_{bd}——钢板与混凝土之间的黏结强度设计值（MPa），设计时可参照表 A. 2. 1-2。

表 A. 2. 1-2　钢板与混凝土之间的黏结强度设计值（MPa）

混凝土强度等级	C15	C20	C25	C30	C35	C40	C45	C50
黏结强度设计值 f_{bd}	0. 50	0. 55	0. 64	0. 72	0. 79	0. 80	0. 80	0. 80

A. 2. 2　受弯构件加固后的斜截面应符合下列规定：

当 $h_{01}/b \leqslant 4$ 时

$$bh_{01} \geqslant \frac{V}{0.25\beta_c f_{c0}} \quad \text{(A. 2. 2-1)}$$

当 $h_{01}/b \geqslant 6$ 时

$$bh_{01} \geqslant \frac{V}{0.20\beta_c f_{c0}} \quad \text{(A. 2. 2-2)}$$

当 $4 < h_{01}/b < 6$ 时，按线性内插法确定。

A. 2. 3　大偏心受压构件正截面加固计算应符合下列规定：

1　加固大偏心受压钢筋混凝土构件时，应将钢板粘贴于构件受拉区，且钢板长边方向应与受拉方向一致。

2　对矩形截面大偏心受压构件受拉边加固时，其正截面承载力（图 A. 2. 3）应按式（A. 2. 3-1）、式（A. 2. 3-2）确定：

$$N \leqslant \alpha_r (f_{c0}bx + f'_{y0}A'_{g0} - f_{y0}A_{g0}) - f_{sp}A_{sp} \quad \text{(A. 2. 3-1)}$$

$$N \cdot e \leqslant \alpha_{r}\left[f_{c0}bx\left(h_{01}-\frac{x}{2}\right)+f'_{y0}A'_{g0}(h_{01}-a'_{0})\right]+f_{sp}A_{sp}a_{0} \tag{A.2.3-2}$$

$$e=\eta e_{i}+\frac{h_{1}}{2}-a_{0} \tag{A.2.3-3}$$

$$e_{i}=e_{0}+e_{a} \tag{A.2.3-4}$$

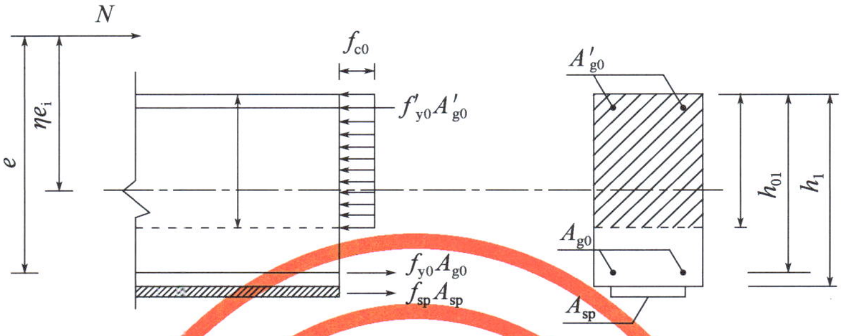

图 A.2.3　粘贴钢板加固大偏心受压正截面承载力计算

A.2.4　受拉构件正截面加固计算应符合下列规定：

1　加固钢筋混凝土受拉构件时，应按原衬砌受拉主钢筋的配置方式，将钢板粘贴于相应位置的混凝土表面。

2　轴心受拉构件的轴向拉力应按式（A.2.4-1）确定：

$$N \leqslant \alpha_{r} f_{y0}A_{g0}+f_{sp}A_{sp} \tag{A.2.4-1}$$

式中：N——轴向拉力设计值（kN）；

f_{sp}——钢板的抗拉强度设计值（MPa）；

A_{sp}——钢板截面积（mm^2）。

3　矩形截面大偏心受拉构件的加固，其正截面承载力应符合式（A.2.4-2）、式（A.2.4-3）的要求：

$$N \leqslant \alpha_{r}\ (f_{y0}A_{g0}-f_{c0}bx-f'_{y0}A'_{g0})\ +f_{sp}A_{sp} \tag{A.2.4-2}$$

$$N \cdot e \leqslant \alpha_{r}\left[f_{c0}bx\left(h_{01}-\frac{x}{2}\right)+f'_{y0}A'_{g0}(h_{01}-a'_{0})\right]+f_{sp}A_{sp}a_{0} \tag{A.2.4-3}$$

A.3　粘贴纤维复合材料加固法

A.3.1　受弯构件正截面加固应符合下列规定：

1　采用纤维复合材料对钢筋混凝土进行受弯构件加固计算，应符合下列规定：

1）构件达到受弯承载能力极限状态时，纤维复合材料的拉应变 ε_{f} 按平截面假定确定，但不应超过纤维复合材料的允许拉应变［ε_{f}］；

2）当考虑构件加固前的受力变形对于加固效果的影响时，应根据加固前的荷载状况，根据式（A.3.1-4）计算受拉区边缘混凝土的初始应变 ε_{f0}；

3）在达到受弯承载能力极限状态前，纤维复合材料与混凝土之间不发生黏结剥离破坏。

2 在矩形截面受弯构件的受拉面上粘贴纤维复合材料进行加固时，其正截面受弯承载力应按式（A.3.1-1）确定（图 A.3.1）：

1）当混凝土受压区高度 $2a'_0 \leqslant x \leqslant \xi_{b,f}h_1$ 时：

$$M \leqslant \alpha_r \left[f_{c0}bx\left(h_1 - \frac{x}{2}\right) + f'_{y0}A'_{g0}(h_1 - a'_0) - f_{y0}A_{g0}(h_1 - h_{01}) \right] \tag{A.3.1-1}$$

$$f'_{y0}A'_{g0} + f_{c0}bx = f_{y0}A_{g0} + \psi_f f_f A_{fe} \tag{A.3.1-2}$$

$$\psi_f = \frac{0.8\varepsilon_{cu}h_1/x - \varepsilon_{cu} - \varepsilon_{f0}}{f_f/E_f} \tag{A.3.1-3}$$

式中：A_{fe}——纤维复合材料的有效截面面积（mm^2）；

E_f——纤维复合材料的弹性模量（MPa）；

f_f——纤维复合材料的抗拉强度设计值（MPa）；

x——等效矩形应力图形的混凝土受压区高度（mm）；

$\xi_{b,f}$——纤维复合材料达到其允许拉应变与混凝土压坏同时发生时的界限相对受压区高度（mm），取 $\xi_{b,f} = 0.85\xi_{b0}$；

ε_{f0}——考虑二次受力影响时，加固前构件在初始弯矩 M_0 作用下，截面受拉边缘混凝土的初始应变，按式（A.3.1-4）计算；当不考虑二次受力时，取 0；

ψ_f——考虑纤维复合材料实际抗拉应变达不到设计值而引入的强度利用系数，当 $\psi_f > 1.0$ 时，取 1.0。

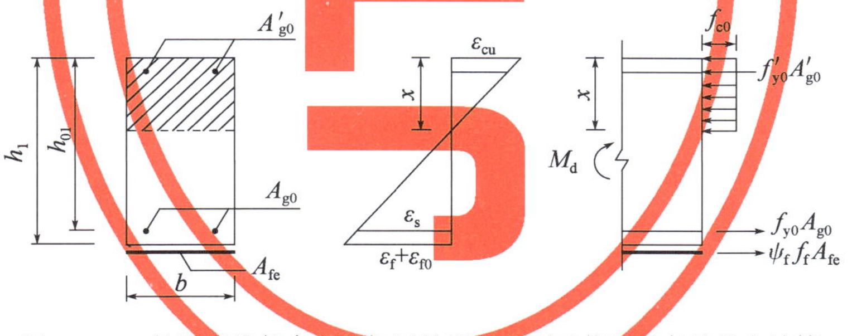

图 A.3.1 粘贴纤维复合材料加固的矩形截面正截面受弯承载力计算

2）加固前在第一阶段弯矩 M_0 作用下，截面受拉边缘混凝土的初始应变 ε_{f0}（纤维复合材料的滞后应变）按式（A.3.1-4）计算：

$$\varepsilon_{f0} = \frac{\alpha_3 M_{0k}}{E_{s0}A_{s0}h_{01}} \tag{A.3.1-4}$$

式中：α_3——综合考虑受弯构件裂缝受压区高度变化、钢筋拉应变不均匀以及钢筋排列的影响系数，按表 A.2.1-1 取值。当初始弯矩 M_0 小于未加固截面受弯承载力的 20% 时，可忽略二次受力影响。

3）需要粘贴的碳纤维截面面积应按式（A.3.1-5）计算：

$$A_f = \frac{A_{fe}}{\kappa_m} \tag{A.3.1-5}$$

式中：A_f——需要粘贴的纤维复合材料的截面面积（mm^2）；

κ_m——纤维复合材料厚度折减系数，取

$$\kappa_m = 1.16 - \frac{n_f E_f t_f}{308\,000} \tag{A.3.1-6}$$

当 $\kappa_m > 0.9$ 时，取 $\kappa_m = 0.9$；

n_f——纤维复合材料（单向织物）层数；

t_f——纤维复合材料（单向织物）的单层厚度（mm）。

3 计算正截面受弯承载力时，应符合下列规定：

1）受压区高度 x 不宜大于 $0.85\xi_{b0}h_{01}$；

2）加固后受拉钢筋拉应力不超过钢筋抗拉强度标准值。

4 对受弯构件正弯矩区的正截面加固时，粘贴纤维复合材料的截断位置应从其充分利用的截面算起，粘贴延伸长度应不小于式（A.3.1-7）的要求：

$$l_c = \frac{f_f A_f}{f_{f,v} b_f} + 200 \tag{A.3.1-7}$$

式中：l_c——纤维复合材料粘贴延伸长度（mm）；

b_f——衬砌受拉面粘贴纤维复合材料的总宽度（mm）；

$f_{f,v}$——纤维复合材料与混凝土之间的黏结强度设计值（MPa），取 $f_{f,v} = 0.40f_t$，当 $f_{f,v} > 0.70$MPa 时，取 $f_{f,v} = 0.70$MPa；当 $f_{f,v} < 0.40$MPa 时，取 $f_{f,v} = 0.40$MPa。

A.3.2 受弯构件加固后的斜截面应符合下列规定：

当 $h_{01}/b \leqslant 4$ 时

$$bh_{01} \geqslant \frac{V}{0.25\beta_c f_{c0}} \tag{A.3.2-1}$$

当 $h_{01}/b \geqslant 6$ 时

$$bh_{01} \geqslant \frac{V}{0.20\beta_c f_{c0}} \tag{A.3.2-2}$$

当 $4 < h_{01}/b < 6$ 时，按线性内插法确定。

A.3.3 对大偏心受压构件进行加固时，其正截面承载力应按式（A.3.3-1）、式（A.3.3-2）计算（图 A.3.3）：

$$N \leqslant \alpha_r\left(f_{c0}bx + f'_{y0}A'_{g0} - f_{y0}A_{g0}\right) - f_f A_f \tag{A.3.3-1}$$

$$N \cdot e \leqslant \alpha_r\left[f_{c0}bx\left(h_{01} - \frac{x}{2}\right) + f'_{y0}A'_{g0}(h_{01} - a'_0)\right] + f_f A_f (h_1 - h_{01}) \tag{A.3.3-2}$$

$$e = \eta e_i + \frac{h_1}{2} - a_0 \tag{A.3.3-3}$$

$$e_i = e_0 + e_a \tag{A.3.3-4}$$

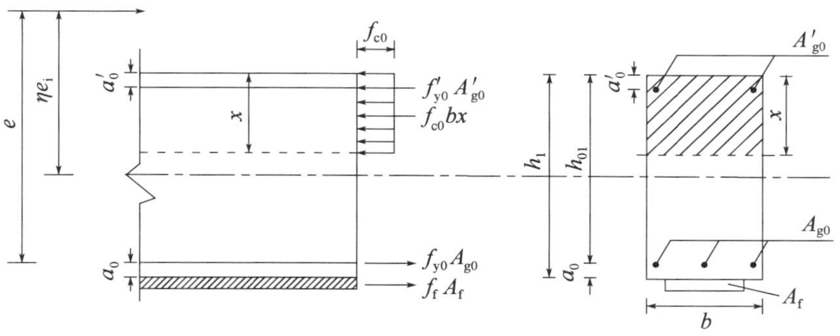

图 A.3.3　大偏心受压构件正截面承载力计算

A.3.4　受拉构件加固计算应符合下列规定：

1　轴心受拉构件轴向拉力设计值应符合式（A.3.4-1）的要求：

$$N \leqslant \alpha_r f_{y0} A_{g0} + f_f A_f \tag{A.3.4-1}$$

式中：N——轴向拉力设计值（kN）。

2　对矩形截面大偏心受拉构件加固时，正截面承载力应按式（A.3.4-2）、式（A.3.4-3）计算（图 A.3.4）：

$$N \leqslant \alpha_r \left(-f_{c0}bx + f_{y0}A_{g0} - f'_{y0}A'_{g0} \right) + f_f A_f \tag{A.3.4-2}$$

$$N \cdot e \leqslant \alpha_r \left[f_{c0}bx\left(h_{01} - \frac{x}{2}\right) + f'_{y0}A'_{g0}(h_{01} - a'_0) \right] + f_f A_f a_0 \tag{A.3.4-3}$$

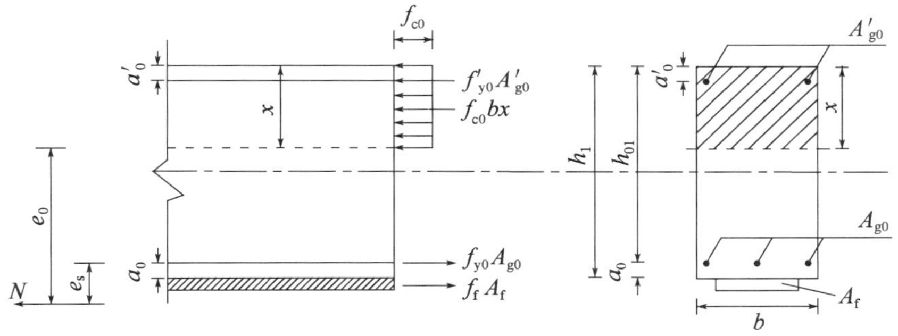

图 A.3.4　大偏心受拉构件正截面承载力计算

附录 B 植筋设计

B.1 设计规定

B.1.1 采用植筋技术时，混凝土强度等级不得低于 C20。

B.1.2 采用植筋锚固时，隧道锚固部位混凝土若有局部缺陷，应先进行补强或加固处理后再植筋。

B.1.3 种植用钢筋的质量和性能应符合本规范第 5 章的相关规定。

B.1.4 植筋用胶黏剂应采用 A 级胶，其质量和性能应符合本规范第 5 章规定。

B.1.5 采用植筋锚固的隧道结构，其长期使用的环境温度不应高于 60℃；对处于特殊环境（如高温、高湿、介质腐蚀等）的隧道结构进行植筋时，除应按国家现行有关标准的规定采取相应的防护措施外，尚应采用耐环境因素作用的胶黏剂。

B.2 锚固计算

B.2.1 隧道结构的植筋锚固计算应符合下列规定：

1 植筋设计应在计算和构造上防止混凝土发生劈裂破坏。

2 植筋胶黏剂的黏结强度设计值应按本附录的规定值采用。

3 地震区的隧道，其植筋承载力仍按本附录的规定进行计算，但其锚固深度设计值应乘以考虑位移延性要求的修正系数。

B.2.2 单根植筋锚固的承载力设计值应符合下列规定：

$$N_t^b = f_y A_s \tag{B.2.2-1}$$

$$l_d \geqslant \psi_N \psi_{ae} l_s \tag{B.2.2-2}$$

式中：N_t^b——植筋钢筋轴向受拉承载力设计值（kN）；

f_y——植筋用钢筋的抗拉强度设计值（MPa）；

A_s——钢筋截面面积（mm^2）；

l_d——植筋锚固深度设计值（mm）；

l_s——植筋的基本锚固深度（mm），按本规范第 B. 2. 3 条确定；

ψ_N——考虑各种因素对植筋受拉承载力影响而需加大锚固深度的修正系数，按本规范第 B. 2. 5 条确定；

ψ_{ae}——考虑植筋位移延性要求的修正系数；当混凝土强度等级不高于 C30 时，对 6 度区及 7 度区一、二类场地，取 $\psi_{ae}=1.1$；对 7 度区三、四类场地及 8 度区，取 $\psi_{ae}=1.25$。当混凝土强度高于 C30 时，取 $\psi_{ae}=1.0$

B. 2. 3 植筋的基本锚固深度 l_s 应按式（B. 2. 3）确定：

$$l_s=0.2\alpha_{spt}df_y/f_{bd} \tag{B. 2. 3}$$

式中：α_{spt}——为防止混凝土劈裂引用的计算系数，按表 B. 2. 3 确定；

d——植筋公称直径（mm）；

f_{bd}——植筋用胶黏剂的黏结强度设计值（MPa），按表 B. 2. 4 的规定值采用。

表 B. 2. 3 考虑混凝土劈裂影响的计算系数 α_{spt}

混凝土保护层厚度 c（mm）		25	30	35	≥40
植筋直径 d（mm）	≤20	1. 0	1. 0	1. 0	1. 0
	25	1. 05	1. 0	1. 0	1. 0
	32	1. 15	1. 1	1. 1	1. 05

注：当植筋直径介于表列数值之间时，可按线性内插法确定 α_{spt} 值。

B. 2. 4 植筋用胶黏剂的黏结强度设计值 f_{bd} 应按表 B. 2. 4 的规定值采用。

表 B. 2. 4 黏结强度设计值 f_{bd}

胶黏剂等级	构造条件	混凝土强度等级				
		C20	C25	C30	C40	≥C60
A 级胶	$s_1\geq5d$；$s_2\geq2.5d$	2. 3	2. 7	3. 7	4. 0	4. 5
	$s_1\geq6d$；$s_2\geq3.0d$	2. 3	2. 7	4. 0	4. 5	5. 0
	$s_1\geq7d$；$s_2\geq3.5d$	2. 3	2. 7	4. 5	5. 0	5. 5

注：1. 当使用表中的 f_{bd} 值时，其构件的混凝土保护层厚度，应不低于现行《混凝土结构设计规范》（GB 50010）的规定值。

2. 表中 s_1 为植筋间距，s_2 为植筋边距。

3. 表中 f_{bd} 值仅适用于带肋钢筋的黏结锚固。

B. 2. 5 考虑各种因素对植筋受拉承载力影响而需加大锚固深度的修正系数 ψ_N，应按式（B. 2. 5）计算：

$$\psi_N=\psi_{br}\psi_w\psi_T \tag{B. 2. 5}$$

式中：ψ_{br}——考虑结构受力状态对承载力影响的系数：当为主要承重构件时，$\psi_{br}=1.5$；当为一般构件接长时，$\psi_{br}=1.15$；当为构造植筋时，$\psi_{br}=1.0$；

ψ_w——混凝土孔壁潮湿影响系数，对耐潮湿型胶黏剂，按产品说明书的规定值采用，但不得低于 1.1；

ψ_T——使用环境的温度（T）影响系数，当 $T \leq 60$℃时，取 $\psi_T = 1.0$；当 60℃ < $T \leq 80$℃时，应采用耐中温胶黏剂，并应按产品说明书规定的 ψ_T 值采用；当 $T > 80$℃时，应采用耐高温胶黏剂，并应采取有效的隔热措施。

B.2.6 结构植筋的锚固深度必须经设计计算确定，严禁按短期拉拔试验值或厂商技术手册的推荐值采用。

B.3 构造规定

B.3.1 当按构造要求植筋时，其最小锚固长度 l_{min} 应符合下列构造要求：

1 受拉钢筋锚固：max {$0.3l_s$；10d；100mm}。

2 受压钢筋锚固：max {$0.6l_s$；10d；100mm}。

B.3.2 当所植钢筋与原钢筋搭接（图 B.3.2）时，其受拉搭接长度 l_l 应根据位于同一连接区段内的钢筋搭接接头面积百分率，按式（B.3.2）确定：

$$l_l = \zeta l_d \tag{B.3.2}$$

式中：ζ——受拉钢筋搭接长度修正系数，按表 B.3.2 取值。

表 B.3.2 纵向受拉钢筋搭接长度修正系数

纵向受拉钢筋搭接接头面积百分率（%）	≤25	50	100
ζ 值	1.2	1.4	1.6

注：1. 钢筋搭接接头面积百分率定义按现行《混凝土结构设计规范》（GB 50010）的规定采用。

2. 当实际搭接接头面积百分率介于表列数值之间时，按线性内插法确定 ζ 值。

3. 受拉钢筋搭接接头面积百分率不应超过 50%。

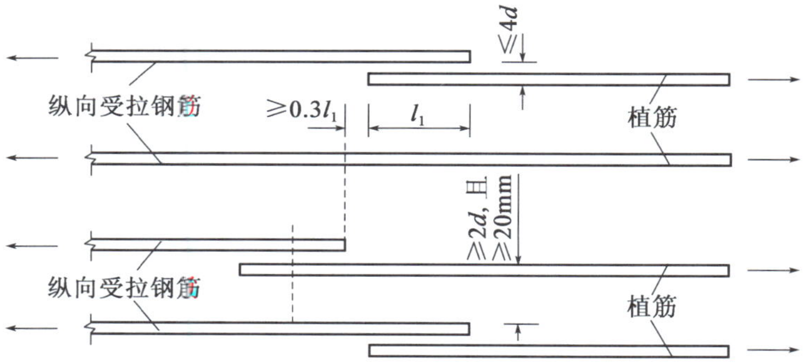

图 B.3.2 钢筋搭接

B.3.3 新植钢筋与原有钢筋在搭接部位的净间距，应按图 B.3.2 的标示值确定。若净间距超过 $4d$，则搭接长度 l_l 应增加 $2d$，但净间距不得大于 $6d$。

B.3.4 用于植筋的钢筋混凝土构件，其最小厚度 h_{min} 应符合式（B.3.4）的要求：

$$h_{min} \geq l_d + 2D \quad \text{(B. 3. 4)}$$

式中：D——钻孔直径（mm），应按表 B. 3. 4 确定。

表 B. 3. 4　植筋直径与对应的钻孔直径设计值

钢筋直径 d（mm）	钻孔直径设计值 D（mm）
12	16
14	18
16	20
18	22
20	25
22	28
25	31
28	35
32	40

B. 3. 5　植筋时，其钢筋宜先焊后种植；若有困难必须后焊，其焊点距基材混凝土表面应大于 15d，且应采用冰水浸渍的湿毛巾包裹植筋外露部分的根部。

附录 C　隔热防冻层计算

C.0.1　应通过对隧道温度场现场实测，确定围岩最大冻结深度。若无实测资料时，可按式（C.0.1）计算围岩的最大冻结深度：

$$\frac{\delta_0}{\lambda_0}=\frac{\delta_1}{\lambda_1} \tag{C.0.1}$$

式中：δ_0——地表松散岩（土）体的最大冻结深度（m），可通过查阅相关气象资料或在洞口实测；

λ_0——地表松散岩（土）体的导热系数［W/（m·℃）］；

δ_1——围岩的最大冻结深度（m）；

λ_1——围岩的导热系数［W/（m·℃）］。

C.0.2　表面铺设法的隔热防冻层厚度，可按式（C.0.2）进行计算：

$$\frac{1}{\lambda_1}\ln\frac{\gamma+\delta_1}{\gamma}=\frac{1}{\lambda}\ln\frac{\gamma+\delta}{\gamma} \tag{C.0.2}$$

式中：λ——隔热防冻层的导热系数［W/（m·℃）］；

γ——隧道的当量半径（m）；

δ——隔热防冻层的厚度（m）。

C.0.3　中间铺设法的隔热防冻层厚度，可按式（C.0.3）进行计算：

$$\frac{1}{\lambda_1}\ln\frac{\gamma+\delta_1}{\gamma}=\frac{1}{\lambda}\ln\frac{\gamma+\delta_2+\delta}{\gamma+\delta_2}+\frac{1}{\lambda_2}\ln\frac{\gamma+\delta_2}{\gamma} \tag{C.0.3}$$

式中：λ_2——第二层衬砌混凝土的导热系数［W/（m·℃）］；

δ_2——第二层衬砌混凝土的厚度（m）。

附录D 火灾检测方法

D.0.1 混凝土衬砌表面颜色、裂损剥落、锤击反应与温度关系可按表D.0.1执行。

表D.0.1 混凝土衬砌表面颜色、裂损剥落、锤击反应与温度关系

温度（℃）	<300	300~500	500~700	700~900	>900
颜色	青灰、近视正常	浅灰、略显浅红色	浅灰白、显浅红	灰白、显浅黄	浅黄色、白色
爆裂、剥落	无	局部装饰层	角部混凝土	大面积爆裂	疏松，大面积剥落
开裂	无	不开裂或微细裂缝	出现裂缝	较多裂缝	贯穿裂缝
锤击反应	声音响亮，表面不留痕迹	声音较响亮，表面留下痕迹	声音较闷，混凝土粉碎和塌落留下痕迹	声音发闷，混凝土粉碎和塌落	声音发哑，混凝土严重脱落
长期放置	保持原状，颜色青灰或灰白	保持原状，颜色微红	基本保持原状，受环境影响裂纹扩张	表层风化严重，微观结构破坏，局部脱落	酥松，散落，难以成形

D.0.2 衬砌受火温度与混凝土烧疏层厚度关系可按表D.0.2执行。

表D.0.2 火灾后烧疏层厚度与受火温度的关系

混凝土烧疏层厚度（mm）	0	0~1	0~2	3~15	>15
火灾温度（℃）	<300	300~500	500~700	700~900	>900

注：本表是混凝土试块在1h、2h、4h时间下高温试验的结果。

D.0.3 可在火灾区域内选取不同外观烧损程度的构件表面和内部的混凝土小块进行进一步的电子显微镜分析和X衍射分析，分析的物相特征与温度关系可分别按表D.0.3-1和表D.0.3-2执行。

表D.0.3-1 电子显微镜分析

序号	物 相 特 征	温度（℃）
1	方解石集料表面光滑、平整，水泥浆体密集，连续性好	280~350
2	石英晶体完整，水泥浆体中水化产物氢氧化钙脱水，浆体开始发现酥松，但仍较紧密，连续性好，氢氧化钙晶型缺损、有裂纹	550~650
3	水泥浆体已脱水，收缩成为疏松体，氢氧化钙脱水、分解，并有少量CaO生成而吸收空气中水分产生膨胀	650~700

续表 D. 0. 3-1

序号	物相特征	温度（℃）
4	水泥浆体脱水并收缩成团块板块体，并有 CaO 生成吸收空气中水分、内部相互破坏	700 ~ 760
5	浆体放出 CaO 成为团聚物，浆体酥松、孔隙大	760 ~ 800
6	水泥浆体成为不连续团块，孔隙很大，CaO 增加	800 ~ 850
7	水泥浆体成为不连续的团块，孔隙很大，但石英晶体较完整	850 ~ 880
8	方解石出现不规则小晶体，开始分解	880 ~ 910
9	方解石分解成为长方形柱状体浆体脱水、收缩后空隙很大	910 ~ 940
10	方解石分解成为柱体状，浆体脱水、收缩后空隙更大	980

表 D. 0. 3-2　X 衍射分析

序号	物相特征	特征温度（℃）
1	水泥水化产物水化铝酸三钙脱水　$C_3A * aq \rightarrow C_3A + nH_2O$	280 ~ 330
2	水泥水化产物水化氢氧化钙脱水　$Ca(OH)_2 \rightarrow CaO + H_2O$ 或砂石中 α-石英发生变相　$\alpha\text{-}SiO_2 \rightarrow \beta\text{-}SiO_2$	580 570
3	集料中白云石分解　$CaMg(CO_3)_2 \rightarrow CaCO_3 + MgO + CO_2\uparrow$ 集料中方解石及水泥石碳化生成物分解　$CaCO_3 \rightarrow CaO + CO_2\uparrow$	720 ~ 740 900

附录 E　高温后混凝土、钢筋强度折减系数

E. 0. 1　根据火灾温度确定混凝土衬砌表面灼着温度，并可按表 E. 0. 1-1、E. 0. 1-2 的强度折减系数确定火灾后混凝土构件的实际强度。

表 E. 0. 1-1　高温混凝土自然冷却后抗压强度折减系数

温度（℃）	300	400	500	600	700	800
$f_{cu,t}/f_{cu}$	0. 8	0. 7	0. 6	0. 5	0. 4	0. 2

表 E. 0. 1-2　高温混凝土水冷却后抗压强度折减系数

温度（℃）	300	400	500	600	700	800
$f_{cu,t}/f_{cu}$	0. 7	0. 6	0. 5	0. 4	0. 25	0. 1

注：1. 表中$f_{cu,t}$——混凝土在高温时或高温冷却后的抗压强度；
f_{cu}——混凝土原有抗压强度。
2. 当温度在二者之间时，采用线性插入法内插。

E. 0. 2　HPB235 和 HRB335 钢筋高温时和高温冷却后强度折减系数，可分别按表 E. 0. 2-1、表 E. 0. 2-2 确定。

表 E. 0. 2-1　高温时钢筋强度折减系数

温度（℃）	强度折减系数	
	HPB235	HRB335
100	1. 00	1. 00
200	1. 00	1. 00
300	1. 00	0. 80
400	0. 60	0. 70
500	0. 50	0. 60
600	0. 30	0. 40
700	0. 10	0. 25
900	0. 05	0. 10

注：对于热轧钢筋 HPB235 和 HRB335，钢筋强度指标为屈服强度。

表 E. 0. 2-2　HRB335 钢筋高温冷却后强度折减系数

温度（℃）	折 减 系 数	
	屈服强度	极限抗拉强度
100	0. 95	1. 00
200	0. 95	1. 00
250	0. 95	0. 95
300	0. 95	0. 95
350	0. 95	0. 95
400	0. 95	0. 90
450	0. 90	0. 90
500	0. 90	0. 90
600	0. 90	0. 85
700	0. 85	0. 85
800	0. 85	0. 80
900	0. 80	0. 80

附录 F　植筋施工方法

F.1　植筋施工

F.1.1　植筋施工工艺流程应按图 F.1.1 执行。

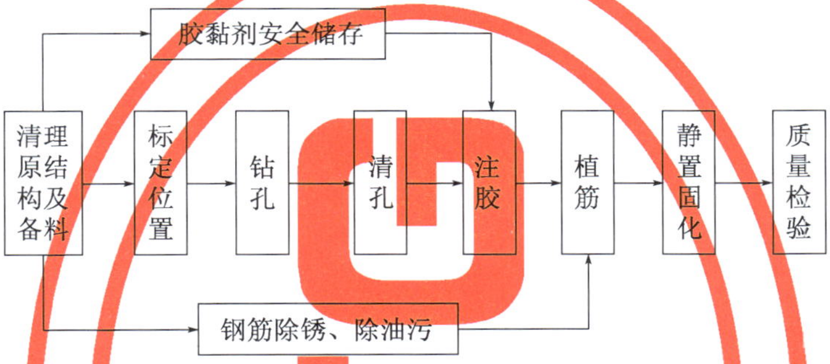

图 F.1.1　植筋施工工艺流程框图

F.1.2　植筋用胶黏剂分管装式、机械注入式两种，其性能应符合本规范第 5 章的相关规定。施工时应注意材料和配胶方式的相互配套，不得在现场配置植筋用胶黏剂。

F.1.3　植筋定位、钻孔应符合下列规定：

1　钻孔前可用钢筋探测仪探测隧道结构植筋部位钢筋位置，或凿去保护层暴露钢筋，若植筋孔位处存在钢筋，则应适当调整钻孔位置。

2　钻孔施工遇到钢筋或预埋件时应立即停钻，并适当移动钻孔孔位，若移动值太大应及时通知设计单位予以处理。

F.1.4　清洁孔壁、钢筋应符合下列规定：

1　先将喷嘴伸入成孔底部并吹入洁净无油的压缩空气，向外拉出喷嘴，反复 3 次。

2　将硬毛刷插入孔中，往返旋转清刷 3 次。

3　再将喷嘴伸入钻孔底部吹气，向外拉出喷嘴，反复 3 次。

4　对要植入钢筋上的锈迹、油污进行除锈与清理。

5　植筋前用丙酮或工业用酒精擦拭孔壁、孔底和植入钢筋。

F.1.5 植筋应符合下列规定：

1 植筋用胶黏剂应采用专用灌注器或注射器进行灌注，灌注量宜为孔深的2/3，并应保证在植入钢筋后有少许胶黏剂溢出。

2 注入胶黏剂后应立即单向旋转插入钢筋，直至达到设计深度，并保证植入钢筋与孔壁间的间隙基本均匀，校正钢筋的位置和垂直度。

F.1.6 胶黏剂完全固化前，不得触动或振动已植钢筋，以免影响其黏结性能。

F.2 植筋施工质量检验

F.2.1 钻孔直径应符合表F.2.1-1的要求，直径允许偏差为0～+2mm；钻孔深度、垂直度和位置允许偏差应符合表F.2.1-2的要求。

表F.2.1-1 植筋钻孔直径（mm）

钢筋公称直径	钻孔直径	钢筋公称直径	钻孔直径
6	10	18	22
8	12	20	25
10	14	22	28
12	16	25	31
14	18	28	35
16	20	32	40

表F.2.1-2 植筋钻孔深度、垂直度和位置允许偏差

钻孔深度允许偏差（mm）	钻孔垂直度允许偏差（°）	位置允许偏差（mm）
+10，0	3	5

F.2.2 植筋应符合下列要求：

1 锚孔内胶黏剂应饱满，不得有未固结现象。

2 植入钢筋不得有松动，表面不应有损伤，钢筋不得弯曲90°以上。

F.2.3 施工应注意下列问题：

1 不得采用将胶黏剂直接涂抹在钢筋上植入孔中的植筋方式。

2 施工中钻出的废孔，应采用较原衬砌混凝土高一个强度等级的水泥砂浆、聚合物水泥砂浆或锚固胶黏剂进行填实。

附录 G　锚栓施工方法

G.1　锚栓施工

G.1.1　用于隧道结构加固的锚栓通常有后扩底锚栓、胶黏型锚栓两种，根据注胶方式胶黏型锚栓可分为注射式胶黏型锚栓和管式胶黏型锚栓，其施工工艺流程框图如图 G.1.1-1 ~ 图 G.1.1-3 所示。

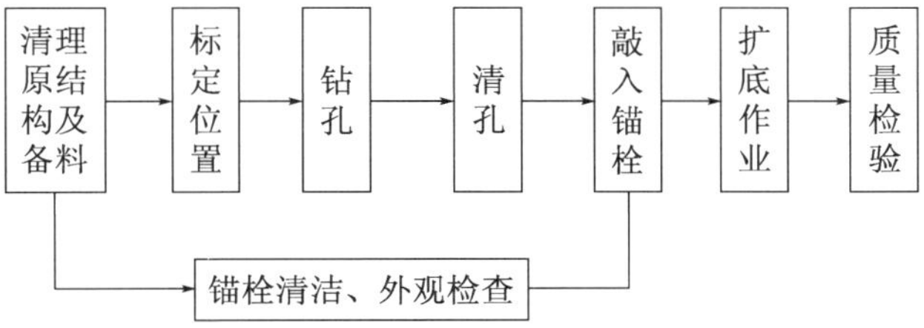

图 G.1.1-1　后扩底锚栓施工工艺流程框图

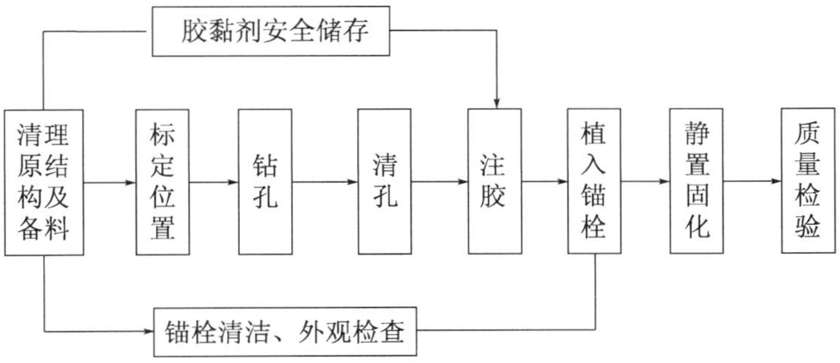

图 G.1.1-2　注射式胶黏型锚栓施工工艺流程框图

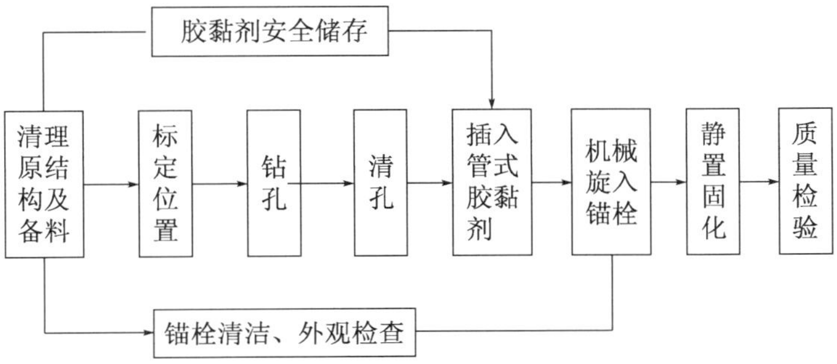

图 G.1.1-3　管式胶黏型锚栓施工工艺流程框图

G.1.2 锚孔的定位与钻孔按本规范附录 F 的相关要求执行，锚孔直径和孔深应和锚栓的要求相配套。

G.1.3 锚孔的清理应符合下列规定：

1 对后扩底锚栓的锚孔，应用洁净的压缩空气清除孔内粉屑；对胶黏型锚栓的锚孔，应先用硬毛刷清孔，再用洁净的压缩空气清除粉屑。

2 清孔的次数不应少于 3 次；必要时应用丙酮擦拭干净锚孔。

3 孔壁应无油污，其干燥程度应达到设计要求。

4 锚固的基材表面应光滑平整，无粉尘、碎屑。

G.1.4 后扩底锚栓的安装应符合下列规定：

1 自切底、切底锚栓应采用专用工具进行安装。

2 安装就位后其套筒顶端至混凝土表面的距离应低 1～3mm。

G.1.5 胶黏型锚栓的安装应符合下列规定：

1 注射式胶黏型锚栓的安装，应将注射管插入孔底，由孔底往外均匀注入胶黏剂至孔深的 2/3；以孔口有胶黏剂溢出作为目测检验注胶合格的标志。

2 玻璃管式胶黏型锚栓的安装，应将玻璃管插入锚孔，用电锤以低速（小于 750r/min）将螺杆旋入至锚固深度，目测以有少量胶黏剂外溢为合格。

3 胶黏型锚栓在固化时间内不得扰动，以免影响其黏结性能。

G.2 施工质量检验

G.2.1 锚固质量应符合设计的规定，当设计无要求时，应符合表 G.2.1 的要求。

表 G.2.1 锚固施工允许偏差

预紧力（%）	锚固深度（mm）	位移（mm）
+15	0，+5	0，+2

G.2.2 胶黏型锚栓采用的胶黏剂性能应符合本规范第 5 章的相关规定。

G.2.3 施工应注意下列问题：

1 后扩底锚栓和胶黏型锚栓应整套使用，不得替换任何部件。

2 施工中钻出的废孔，应采用较原衬砌混凝土高一个强度等级的水泥砂浆、聚合物水泥砂浆或胶黏剂填充密实。

本规范用词用语说明

1 本规范执行严格程度的用词，采用下列写法：

1）表示很严格，非这样做不可的用词，正面词采用“必须”，反面词采用“严禁”；

2）表示严格，在正常情况下均应这样做的用词，正面词采用“应”，反面词采用“不应”或“不得”；

3）表示允许稍有选择，在条件许可时首先应这样做的用词，正面词采用“宜”，反面词采用“不宜”；

4）表示有选择，在一定条件下可以这样做的用词，采用“可”。

2 引用标准的用语采用下列写法：

1）在标准总则中表述与相关标准的关系时，采用“除应符合本规范的规定外，尚应符合国家和行业现行有关标准的规定”。

2）在标准条文及其他规定中，当引用的标准为国家标准和行业标准时，表述为“应符合《××××××》（×××）的有关规定”。

3）当引用本标准中的其他规定时，表述为“应符合本规范第×章的有关规定”“应符合本规范第×.×节的有关规定”“应符合本规范第×.×.×条的有关规定”或“应按本规范第×.×.×条的有关规定执行”。